A MONSIEUR POUYER-QUERTIER

FILATEUR DE COTON ET SÉNATEUR

# LA CAMPAGNE

DES

# PROTECTIONNISTES

# AU SÉNAT

## Les Traités de commerce ou l'isolement et les guerres de Tarifs

PAR C. LEBRUN

Ancien Magistrat, Avocat,
Ex-Professeur municipal d'économie politique.

> « *C'est la théorie des échanges et des débouchés qui changera la politique du monde.* » (J.-B. SAY.)
>
> « *L'échange est un droit naturel comme la propriété ; protection, c'est spoliation ; liberté, c'est justice.* » (BASTIAT.)

PRIX : 1 FR. 50 C.

PARIS
GUILLAUMIN ET Cie, LIBRAIRES
Editeurs du Journal des Economistes, de la Collection des principaux Economistes, du Dictionnaire de l'Economie politique, du Dictionnaire universel du Commerce et de la Navigation, etc.
RUE RICHELIEU, 14.

1882

A Monsieur POUYER-QUERTIER

FILATEUR DE COTON ET SÉNATEUR

---

# LA

# CAMPAGNE DES PROTECTIONNISTES

# AU SÉNAT

A Monsieur POUYER-QUERTIER

FILATEUR DE COTON ET SÉNATEUR



# LA CAMPAGNE
DES
# PROTECTIONNISTES
## AU SÉNAT

### Les Traités de commerce ou l'isolement et les guerres de Tarifs

Par C. LEBRUN

Ancien Magistrat, Avocat,
Ex-Professeur municipal d'économie politique.

*« C'est la théorie des échanges et des débouchés qui changera la politique du monde. »* (J.-B. Say.)

*« L'échange est un droit naturel comme la propriété ; protection, c'est spoliation ; liberté, c'est justice. »* (Bastiat.)

PRIX : 1 FR. 50 C.

PARIS
GUILLAUMIN ET Cie, LIBRAIRES
Editeurs du Journal des Economistes, de la Collection des principaux Economistes, du Dictionnaire de l'Economie politique, du Dictionnaire universel du Commerce et de la Navigation. etc.
RUE RICHELIEU, 14.

1882

A Monsieur POUYER-QUERTIER

FILATEUR DE COTON ET SÉNATEUR

# LA CAMPAGNE DES PROTECTIONNISTES AU SÉNAT

## Les Traités de commerce ou l'isolement et les guerres de Tarifs

Monsieur,

Vous êtes filateur et protectionniste, absolument comme M. Josse était orfèvre. Vous êtes protectionniste, parce que, filateur de coton, vous désirez vendre vos produits le plus cher possible à vos compatriotes ; vous êtes filateur de coton, parce que c'est un bon métier, depuis surtout que vos ancêtres ont su persuader aux pouvoirs publics de vous protéger contre une concurrence du dehors qui n'aurait enrichi que les consommateurs, c'est-à-dire tout le monde.

Vous avez élevé votre intérêt particulier à la hauteur d'une doctrine. Vous l'avez si bien hérissé de chiffres, étayé de raisonnements, enguirlandé de sophismes, dilué dans un flot de paroles sonores et quelquefois éloquentes, que nombre de gens ignorants en ces matières, en sont venus à croire que c'était un intérêt de premier ordre, *un intérêt natio-*

*nal*, de *vous réserver le marché intérieur*, d'obliger tous les Français à vous payer un impôt, de vous ériger en hauts barons de la cotonnade, avec privilége de haute et basse justice, sur des vassaux taillables et corvéables à merci !

Ah ! certes, Messieurs les hobereaux du coton, vous êtes d'habiles gens, de remarquables manœuvriers ! Avec une persistance que rien ne lasse, avec une ténacité que ne rebute aucun échec, avec une férocité d'égoïsme qui n'a plus conscience de l'intérêt d'autrui, ni souci aucun de la justice ; malgré toutes les démonstrations de la science et toutes les leçons de l'expérience, vous cherchez à égarer les pouvoirs publics, à engager notre patrie dans les voies pernicieuses de la prohibition déguisée, de l'isolement industriel et commercial, de l'appauvrissement accéléré, des guerres de tarif, précédant les guerres nationales, de la spoliation de tous au profit de quelques monopoleurs. Certes, c'est une noble et patriotique entreprise que de poursuivre le rétablissement, par voie de privilége législatif, d'une féodalité industrielle plus inique et plus vexatoire que celle d'ancien régime ! Tout beau, Messieurs, vous voulez nous ramener aux carrières ! Vous espérez persuader à la République française, ce régime de liberté, de solidarité, de justice pour tous, d'écraser les faibles, les petits, les déshérités, l'immense majorité des citoyens, au profit de vos intérêts de caste, de vos convoitises sans frein, de vos insatiables égoïsmes ! Il y a là une manœuvre protectionniste que nous saurons déjouer, un amas de sophismes et de préjugés que nous ne laisserons pas prévaloir.

M. Léon Say rappelait fort opportunément, à la solennité de Mugron, que depuis la mort de Bastiat, le consommateur, le contribuable, la grande foule anonyme des déshérités, semblait avoir perdu la voix, que ses intérêts n'étaient plus nulle part compris, discutés, défendus. Eh bien ! dans la mesure de nos forces, nous chereherons, à l'occasion, à être cette voix étouffée du consommateur et nous espérons que ce ne sera pas comme dans Rama la voix criant et se lamentant dans le désert. Nous espérons conquérir des défenseurs nombreux à la cause de la justice et de la liberté.

Je prétends n'exagérer ni le sens de vos agissements, ni la réalité de vos déclarations. Dans la discussion du Sénat des 28 et 30 mars 1882, au sujet du traité franco-italien, vous avez fait une véritable levée de boucliers protectionniste. Croyant l'occasion favorable pour reconquérir le terrain perdu, vous avez donné avec ensemble, démasqué toutes vos batteries, révélé votre plan de campagne, étalé au grand jour vos formidables appétits.

Gargantua, de pantagruélique mémoire, grand amateur de pâtés ès-tripes, n'était qu'un enfant auprès de Messieurs de la protection ! Les négociations commerciales avec l'Angleterre ayant malheureusement échoué (nous savons aujourd'hui comment et par la faute de qui), vous avez soutenu avec ensemble cette thèse : Plus de traité de commerce avec aucune nation ! mais tarif *autonome maximum* et *minimum*, indépendance nationale et liberté entière de taxation ! Dans la langue économique, ces expressions signifient : protectionnisme à outrance, isolement commercial, représailles ou guerres de tarifs, privilége exclusif pour quelques-uns d'accaparer et d'exploiter le marché national !

Votre tactique est aujourd'hui connue et vos sophismes percés à jour. Vous avez su habilement profiter de l'incompétence de la plupart des députés en ces matières, de la fatigue et de l'inattention de tous, pour faire introduire au tarif général des douanes du 7 mai 1881, la clause inoffensive en apparence, mais, en réalité, grosse de périls, de la *taxation spécifique* (par catégories, au poids ou à la mesure). Puis ce cheval de Troie, subrepticement introduit aux murs de l'ennemi, vous êtes rentrés dans vos tentes, prêts à donner l'assaut au moment opportun. Et c'est en pleine connaissance de cause, en pleine conscience des embarras que vous alliez susciter, que vous avez pratiqué cette manœuvre, vous notamment, Monsieur Pouyer-Quertier, le généralissime de cette campagne et le Joseph Prud'homme du Protectionnisme.

Je vais vous en administrer la preuve. Vous avez été l'un des déposants les plus remarqués de la grande enquête qui a précédé la conclusion des traités de 1860-1864. Or, à cette époque, vous demandiez déjà que le droit sur les filés de coton fût perçu au kilogramme. Voici vos paroles : « Ce que nous demandons, c'est qu'il n'y ait pas un droit *ad valorem*. Le droit *spécifique* qui peut présenter quelques difficultés d'application quand il s'agit de tissus, n'en présente aucun quand il s'agit de filés. Un douanier peut très-bien reconnaître quel est le numéro d'un fil, etc. [1] »

Il est vrai que, malgré vos objurgations, le rapporteur pour les industries des laines et des cotons, M. Baroche, concluait à l'établissement de taxes *ad valorem* ; que le rapporteur pour les soieries, M.

[1] *Enquête sur le traité de commerce avec l'Angleterre.* — Industries textiles, coton. — Déposition de M. Pouyer-Quertier, vol. 4, p. 19.

Natalis Rondot, formulait la même conclusion ; que la Chambre de commerce de Lyon, dans une très-remarquable délibération, se prononçait « unanimement et sans hésitation pour le *droit ad valorem*, » ajoutant : « Pas un des industriels consultés, pas même les fabricants de tulles n'ont réclamé l'adoption du *droit spécifique*. C'est qu'indépendamment du caractère d'équité et de justice qui appartient au système *ad valorem*, ce système offre, en ce qui touche les soieries, l'avantage d'une application facile, exempte de difficultés de détail pour l'administration. »

Vous aviez donc, Monsieur, pleinement conscience des difficultés, peut-être de l'impossibilité de l'introduction des droits spécifiques dans un tarif de douanes et aussi des réclamations que ce système ne manquerait pas de susciter de la part de l'Angleterre.

Ces difficultés étaient telles qu'en 1860, on avait été obligé d'y renoncer. C'est M. Teisserenc de Bort qui le dit dans l'Exposé des motifs du projet de tarif général des douanes : « La convention conclue avec « l'Angleterre, en 1860, prévoyait aussi l'établisse- « ment de droits spécifiques, mais avec cette restric- « tion que les nouveaux droits ne devraient pas dé- « passer une proportion déterminée de la valeur des « objets qu'ils étaient appelés à protéger. Or, il arri- « va, quand il fallut traduire en chiffres cette règle « de proportionnalité et l'appliquer aux objets frap- « pés en France de prohibition, que les négociateurs « placés en face de produits, tels que les tissus de « laine et de coton, les voitures, la tabletterie, la « verrerie, les poteries fines, produits très-variés « dans leurs types, dans leurs genres, dans leurs « prix, peu connus sur le marché français, ne *purent*

« *s'entendre*... On édicta donc une série de taxes *ad*
« *valorem*, alors considérées comme provisoires, car
« elles devaient être converties en *droits spécifiques*
« dans un délai de deux ans. Mais durant ce délai,
« *on ne réussit pas mieux à se mettre d'accord*, et
« les taxes *ad valorem*, maintenues dans les con-
« ventions supplémentaires conclues avec l'Angle-
« terre, les 12 octobre et 16 novembre 1860, devin-
« rent applicables à tous les pays qui se lièrent suc-
« cessivement à nous par des traités de commerce. »[1].

Autorisé par ces précédents, j'affirme, Monsieur, que c'est à vous et à vos amis que nous sommes principalement redevables de la rupture des négociations commerciales avec l'Angleterre et des conséquences désastreuses, soit au point de vue économique, soit au point de vue politique, qui en sortiront inévitablement.

Voilà donc un premier et signalé service que vous avez bien voulu rendre à vos compatriotes ! Et dans quel but ? Pour protéger la filature de Lille, pour vendre plus cher vos produits, pour faire payer par tous les citoyens français votre impéritie et votre inhabileté, pour n'avoir pas su vous hausser à la hauteur de vos concurrents, perfectionner votre outillage et abaisser vos prix de revient.

Car l'Angleterre, pas plus que la France, que je sache, ne produit de coton. Car le consommateur de ce produit, dont l'emploi va grandissant, a droit à payer le moins cher possible cette matière première ou les tissus qui l'emploient ; il a le droit strict de ne

1. *Exposé des motifs du projet de loi relatif à l'établissement du tarif général des douanes.* — Séance du 21 janvier 1878, p. 49.

pas voir législativement amoindrir son revenu ou le profit de son travail.

Vous aurez beau vouloir pêcher en eau trouble et embrouiller cette question si claire par des discussions de *prix de revient*. Le vrai prix de revient d'un produit, c'est le prix le plus bas auquel il peut être établi et, si l'étranger, grâce à certains avantages naturels ou acquis, peut l'établir à meilleur marché, c'est là que les fabricants de tissus ont droit à se le procurer, afin de pouvoir aussi livrer à la consommation un produit moins cher et plus à la portée de toutes les bourses.

C'est là aussi la condamnation formelle du système de la protection. C'est un bien grand honneur assurément d'être approvisionnés et exploités par MM. les filateurs du Nord ; mais notre patriotisme ne va pas encore jusqu'à nous féliciter de payer plus cher, le recevant d'eux, ce que nous pouvons avoir à meilleur marché, le tirant du dehors.

A ce compte, on devrait aussi faire pousser sur le sol français, non-seulement du coton, mais du café, des épices, du cacao, du riz, de l'indigo, du quinquina, etc.

Assurément, on pourrait, en serre chaude et par des procédés appropriés, tirer à grands frais de notre sol tous ces produits ; mais ils seraient rares, chers et de mauvaise qualité. Nous préférons donc nous le procurer par cette grande industrie qui s'appelle l'échange et le commerce extérieur, industrie que nous croyons aussi *nationale* que la production directe. Comme le dit si bien J.-.B Say : « Tout cela repose sur une idée mère et fondamentale ; c'est que, même lorsque nous consommons des marchandises étrangères, nous ne consommons toujours que des produits de notre pays ; attendu qu'il nous est impossible de rien acquérir, soit au-dedans soit au dehors, si ce n'est avec des produits de notre pays.

« Le procédé le plus parfait est, dans beaucoup d'occasions, la voie du commerce. C'est celle qui nous permet de *faire notre café en étoffes*, en fabriquant des étoffes et en les envoyant dans les pays à café. Le procédé le plus dispendieux est celui qui produit du café immédiatement, en le cultivant dans des serres chaudes qui le produisent moins abondant et moins bon [1]. »

Donc, Monsieur, après avoir fait échouer, vous et vos amis, le traité avec l'Angleterre ; après avoir, par cette sape souterraine, disloqué la vieille entente commerciale anglo-française, qui durait depuis 22 ans, et qu'avait pleinement justifiée cette expérience d'un quart de siècle, vous avez encore élevé l'exorbitante prétention de nous priver de traités de commerce avec les autres nations ! C'est dans les séances des 28 et 30 mars que s'est dévoilée cette ingénieuse et patriotique combinaison.

A cela vous aviez un motif. C'est la seule chose que vous ayez oublié de dire. Permettez-moi de réparer cette omission, et de mettre en lumière ce que vous avez si prudemment tenu dans l'ombre.

Ce motif, le voici : Les droits du nouveau tarif général, établis sur la base spécifique, puis majorés de 24 0/0, à la demande du ministre, afin de laisser une marge pour les négociations, sont exorbitants et non plus seulement protecteurs, mais réellement

[1] *Traité d'économie politique pratique,* par J.-B. Say. IVe partie, ch. 15.

prohibitifs. Les procès-verbaux officiels des négociations, inscrits *in extenso* au *Blue-Book* anglais, prouvent que, même en retranchant cette majoration, il y a des relèvements de droits de 20, 30 et jusqu'à 50 o/o (Pièces annexes).

Eh bien! voilà dans tout son lustre, votre ingénieuse *combinazione*. S'il n'y a plus de traités de commerce, nous sommes en plein système ultra-protecteur et prohibitif. La France devient une Chine en petit; autour d'elle nous élevons une grande muraille, d'infranchissables tarifs; nous établissons contre toute l'Europe, un nouveau Blocus continental. Le marché national nous est livré en entier. Nous allons le saturer de nos produits dont il a besoin, qu'il paiera à des prix exorbitants; nous ferons des gains énormes, nous arrondirons nos petites fortunes, et alors, quelle joie! quelle abondance pour nos ouvriers! quels bons salaires nous leur distribuerons! quel accroissement du capital et de la richesse nationale! quelle gloire pour la France!

Quel honneur!
Quel bonheur!
Ah! Monsieur le sénateur,
J' suis votre humble serviteur.

Fort bien! seulement, ici, comme en nombre des phénomènes économiques, à côté de ce *qu'on voit, il y a ce qu'on ne voit pas* [1].

Ce qu'on voit clairement, c'est le profit que MM. les filateurs du Nord tirent de cette injustice législative. Le compte approximatif en est facile à faire. En admettant les chiffres présentés par M. Teisse-

[1] Titre d'un remarquable pamphlet de Bastiat.

renc de Bort, dans son rapport au Conseil supérieur de l'agriculture et du commerce, convoqué spécialement pour l'examen du *tarif des fils de coton*, « la filature de coton française met en œuvre, chaque année, 130 millions de kilog. de matière première, qu'elle rend au commerce avec une valeur de 350 millions. »

D'après un membre du Conseil supérieur, le *quantum* des droits sur le coton s'élèverait à 5 ou 6 o/o de la valeur, ce qui grèverait les tissus français, dans lesquels entre cette matière, de 12 o/o en totalité [1].

Or, 5 o/o de la valeur sur 350 millions, c'est presque 18 millions. Si l'on admet 6 o/o, on arrive à 21 millions : mettons 15 pour rester modérés. C'est donc un impôt de 15 millions en moyenne que la filature prélève sur le tissage. C'est donc 15 millions que gagnerait le tissage, que gagneraient en partie les consommateurs des articles bon marché (mélangés de coton), si nos législateurs laissaient les échanges suivre leur pente naturelle. C'est, en dix ans, 150 millions environ qui sont ainsi prélevés sur les petites bourses, pour le plus grand profit de M. Pouyer-Quertier et consorts ! Quelle admirable invention ! quelle démocratique trouvaille !

Mais il me semble, à moi, chétif, que si ces 150 millions étaient restés dans la bourse des consommateurs, petites gens pour la plupart, ils n'en auraient pas été plus mal employés ; il me semble qu'il y aurait eu d'abord une injustice en moins, ce qui est quelque chose, surtout lorsqu'elle atteint autant d'hommes, puis que tous ces acheteurs de tissus ou coton ou mélangés coton, auraient été tout aussi

[1] Estimation de M. Méline.

bien garantis des intempéries par des fils et des étoffes de provenance anglaise, que par des tissus fabriqués avec des filés français ; et qu'alors ils auraient eu encore à disposer, pour d'autres achats, de toute la différence de prix qui est allée grossir les bénéfices des gens du Nord. Il me semble que l'industrie nationale eût été tout autant encouragée, car les Anglais, en retour de ces filés de coton, nous auraient pris, soit des produits français, soit des espèces monnayées, acquises moyennant la vente de ces produits.

Il y a bien longtemps que J.-B. Say a scientifiquement établi cette proposition : *Les produits s'échangent contre des produits.* L'argent n'est qu'un intermédiaire partout accepté (en Europe du moins), et qui offre cet avantage de se proportionner exactement à la valeur mobile des produits multiples de la nature ou de l'industrie. On ne peut payer ce qu'on achète qu'avec les produits de son industrie, soit qu'on les troque directement et en nature, soit qu'on commence par les échanger contre du numéraire, pour se procurer ensuite avec ce numéraire la marchandise que l'on recherche.

« Qui est-ce, dit cet illustre économiste, qui sollicite des prohibitions ou de forts droits d'entrée « dans un Etat ? Ce sont les producteurs de la « denrée dont il s'agit de prohiber la concurrence, « et non pas ses consommateurs. Ils disent : C'est « pour *l'intérêt de l'Etat ; mais il est clair que* « *c'est pour le leur uniquement.* N'est-ce pas la « même chose ? continuent-ils, et ce que nous ga- « gnons, n'est-il pas autant de gagné pour notre « pays ? Point du tout, ce que vous gagnez de cette « manière est tiré de la poche de votre voisin, d'un

« habitant du même pays, et si l'on pouvait compter « l'excédent de dépense fait par les consommateurs, « en conséquence de votre monopole, on trouverait « qu'il surpasse le gain que le monopole vous a « valu[1] !

« Consulter des négociants, consulter des manufacturiers, sur les importations et les exportations qui donnent le plus de profits, est un pauvre expédient, car le nombre de ceux que l'on peut consulter est borné relativement à l'immense nombre d'entreprises industrielles dont chaque produit est le résultat. On n'a, par ce moyen, que des documents imparfaits et toujours viciés par l'intérêt personnel, chacun étant intéressé à rejeter les obstacles sur la route du prochain pour en débarrasser la sienne. Le fabricant de mousseline conseillera toujours de laisser entrer les cotons filés de l'étranger ; le fabricant de fils de coton conseillera toujours de les prohiber[2]. » Ne dirait-on pas que ces lignes sont écrites d'hier ? Les hommes changent, les vérités restent.

Sous le bénéfice de ces observations et de ces principes tirés d'une science dont, à coup sûr vous vous souciez peu, parce qu'elle a horreur du privilége, qu'elle vise à l'intérêt général plus qu'à l'intérêt particulier de telle ou telle classe de producteurs, je vais, Monsieur, profiter de la levée de boucliers protectionniste que vous avez faite en plein Sénat de la République, pour examiner rapidement ces trois points essentiels :

1° Le traité de commerce de 1860 avec l'Angleterre. — Ses résultats.

[1] *Traité d'économie politique*, par J.-B. Say, liv. 1er, chap. XVII.
[2] *Cours complet d'économie politique pratique*, par J.-B. Say, IVe partie, chap. 14.

Les vraies causes de la rupture des négociations commerciales avec l'Angleterre.

2° L'utilité des traités de commerce à notre époque. — Leur caractère économique et leur disparition future.

3° Les importations et les exportations ou la *balance du commerce.* — Ce qu'il faut en penser.

## I

Les dispositions principales du traité de commerce conclu le 23 janvier 1860 entre la France et l'Angleterre étaient celles-ci :

L'Angleterre ouvrait ses ports aux produits les plus importants de l'industrie française.

Les vins et alcools ne se trouvaient plus soumis qu'à une taxe correspondant aux droits d'accise payés par les produits similaires d'origine britannique [1].

Les droits d'entrée en Angleterre de tous autres produits étaient abolis. La liste en est fort longue ; elle est contenue à l'article 5 du traité.

En retour, le gouvernement français s'engageait à admettre un certain nombre de produits anglais figurant dans le traité sous forme de tableau, moyennant un droit qui ne devait, dans aucun cas, dépasser 30 %, les deux décimes compris, jusqu'au 1er octobre 1864, et 25 % à partir de cette époque.

[1] Pour les vins ayant moins de 15 degrés, 1 scheling (15 fr. 12) par gallon (4 litres 50) ; de 26 à 40 degrés, 2 scheling (2 fr. 24) par gallon.

Les esprits et eaux-de-vie étaient soumis à des droits identiques à ceux acquittés sur les produits similaires d'origine anglaise, sauf une surtaxe de 2 pences (22 c.) par gallon.

Le gouvernement français s'engageait également à réduire les droits sur la houille et le coke britanniques à 0,15 c. les 100 kil., plus les 2 décimes.

Le droit sur les fers, qui jusque-là était de 10 fr. non compris le double décime additionnel, devait être de 7 fr. par 100 kil., jusqu'au 1er octobre 1864, et de 6 fr. à partir de cette époque, décimes compris.

Le traité contenait cette clause devenue de style : que les puissances contractantes se réservaient le traitement de la nation la plus favorisée.

« Comparativement au régime antérieur, dit Michel Chevalier, le nouveau tarif de 1860 était véritablement une hardiesse ; mais l'événement l'a pleinement justifié. L'industrie nationale en a reçu une impulsion que personne aujourd'hui ne saurait contester. Le traité de commerce avec l'Angleterre a été suivi d'actes semblables (1860 à 1867) entre la France et la plupart des nations du continent. De cette manière, le tarif relatif à l'Angleterre est devenu, à peu de choses près, le tarif général de la France. Les traités avec les autres Etats ont même contenu quelques dispositions nouvelles plus libérales, qui ont été aussitôt communes à l'Angleterre, en vertu de la clause dite de la « nation la plus favorisée, » qui a été introduite dans tous ces actes successifs. Les divers peuples se sont en outre appliqué les uns aux autres les dispositions dont ils étaient convenus avec la France. C'est ainsi que le commerce international des diverses parties de l'Europe repose présentement sur des bases plus libérales et par conséquent plus avantageuses au public qu'il y a dix ans. Les échanges internationaux ont acquis ainsi un immense développement. La protection prétendue a l'effet, bien constaté aujourd'hui, de paralyser la production. Tel est le cas et l'exemple de l'Espagne, qui est demeurée à peu près immobile au milieu du mouvement général de l'Europe. »

Eh bien ! ce traité qui a eu l'influence la plus heureuse sur la richesse de notre pays, qui a provoqué un développement considérable des échanges, dont « l'industrie nationale a reçu une impulsion que personne aujourd'hui ne saurait contester » ; ce traité, vous, Monsieur Pouyer-Quertier et vos amis, vous avez le triste courage d'en nier les bienfaits, d'en contester les résultats évidents et palpables !

« C'est en 1860, dites-vous, que le gouvernement impérial imposa au pays le système des traités de commerce, et il l'a fait parce qu'il voulait faire disparaître les protections et les taxes exagérées inscrites au tarif des douanes. Il l'a fait de son plein droit et le pays ne fut pas appelé à délibérer sur les résultats que devait produire l'application de ce nouveau système. Certaines industries ne purent que protester, notamment celle des filés de coton ; d'autres, au contraire, applaudirent à cette innovation.

« Les traités de commerce, nous disait-on, auront pour résultat de développer, dans une immense proportion, les exportations de la France. C'est pour trouver des débouchés à son agriculture, à son industrie, que la France conclut des traités, mais non pas pour favoriser les importations, de quelque nature qu'elles soient. (Où M. Pouyer-Quertier a-t-il vu cela et comment peut-on favoriser les exportations sans favoriser les importations ?)

« Or, n'est-il pas singulier que ces partisans des doctrines libre-échangistes ferment les yeux à l'évidence et refusent de voir que tous les pays repoussent aujourd'hui la liberté commerciale ; que ceux qui s'y étaient engagés en 1860, à l'exemple de la France, ne veulent plus désormais persévérer dans cette voie. Qui donc à l'exception de l'Angleterre est libre-échangiste ? Ni l'Allemagne, ni la Russie, ni l'Italie, etc. (Oui, il souffle en ce moment un vent de guerre et de désastres sur l'Europe entière.)

« Depuis 1860, ces industries qui devaient trouver dans les nouvelles conventions et dans les nouveaux régimes une expansion immense, des débouchés nouveaux, des marchés sur tous les points du globe, ces industries ont vu, au contraire, leurs exportations diminuer dans d'immenses proportions. Toutes nos exportations ont perdu aux traités de 1860 ; il n'y a pas une seule de nos industries qui y ait gagné d'une manière sérieuse. L'industrie de la soie elle-même a vu réduire de moitié ses exportations. (Ce n'est pas ce que disent la Chambre de commerce ni l'industrie de Lyon : de grâce, ne soyons pas plus royalistes que le Roi.)

« C'est une faute pour un grand pays, une faute considérable, que d'abandonner *sa liberté d'action, la faculté de frapper telle ou telle matière.* Le Trésor perd 20 millions à l'entrée des vins italiens en France ; mais je ne vois pas ce que le consommateur gagnera. (C'est toujours ce que les protectionnistes ne voient pas.)

« Tels impôts dont vous ne voulez pas aujourd'hui, ou par principe ou parce que vous n'en avez pas un pressant besoin, vous pouvez être appelés demain à y avoir recours, et je regretterais de voir alors mon pays lié de chaînes telles qu'il ne pourrait plus imposer telle matière ou telle autre.

« Je vous en conjure, n'allez pas plus loin dans cette voie ; rendez le pays à lui-même ; donnez-lui sa stabilité commerciale : rendez-lui son indépendance, et c'est là le plus grand service qu'on aura pu rendre à la France en discutant la question du traité italien [1] » (Très-bien ! applaudissements).

Telles sont vos paroles, Monsieur, dont j'ai tenu à donner le texte en le condensant. *Scripta manent.*

J'ai le regret de dire que j'y vois à peu près autant d'erreurs que de mots. Il n'est pas étonnant, au reste, que partant de deux points de vue opposés : vous, de l'intérêt particulier d'une certaine classe de producteurs, et votre serviteur prétendant s'appuyer sur la science économique qu'il a professée, laquelle a pour but le plus grand profit de tous, l'intérêt général, national, humain; il n'est pas étonnant, dis-je, que nous ne nous rencontrions point ni dans nos appréciations des faits ni dans nos inductions théoriques.

Pour infirmer les résultats des traités de 1860, vous vous appuyez sur deux faits : la diminution de la production et de l'exportation des denrées agricoles; la stagnation de la consommation intérieure du coton. Or, chacun sait, et vous-même le reconnaissez, que l'agriculture française souffre et dépérit depuis plusieurs années par des causes naturelles, indépendantes de toute volonté humaine. Seulement, cette souffrance, vous l'attribuez aux traités de commerce ; tandis que les gens qui possèdent des propriétés rurales comme votre serviteur, qui sont en contact immédiat et fréquent avec les cultivateurs, savent fort bien que depuis cinq années les gelées d'hiver et de printemps, l'humidité persistante, le phylloxera,

[1] Séance du Sénat du jeudi 30 mars 1882. — *Journal officiel* du 31 mars.

l'antrachnose, les mulots, etc., ruinent la vigne, appauvrissent le sol, dévastent les céréales. Et il est fort heureux que dans ces conditions de récolte nationale insuffisante, nous ayons pu nous procurer les céréales ou les vins du dehors, sans quoi nos paysans seraient morts de faim, comme les Arabes après les ravages des sauterelles. Il est fort heureux que la prévoyance des commerçants et importateurs nous ait 'garés d'une famine, que cette perspicacité et cette activité de l'intérêt commercial n'aient pas été gênées ou paralysées par une Echelle mobile quelconque, dont les provisions inexactes ou tardives eussent retardé ou empêché les approvisionnements indispensables. Car, malgré les chemins de fer, il faut du temps pour aller acheter le produit là où il est le plus abondant, pour le transporter, l'emmagasiner en quantité suffisante, le débiter à propos ; toutes opérations que la vigilance des commerçants accomplit seule avec une promptitude, une réduction de frais, une sûreté d'informations, une certitude de légitimes bénéfices, que ne peut jamais égaler l'action gouvernementale, lente, obscure, compliquée, impersonnelle, surchargée d'entraves et de formalités.

Ce ne sont pas vos discours, Messieurs de la protection, qui ont sauvé la France ; ils l'auraient affamée, si l'on vous eût écouté. L'expérience de l'Echelle mobile est faite et probante. C'est la suppression de l'Echelle mobile et la liberté du commerce des céréales qui, depuis cinq ans, ont sauvé la France de la famine et des fléaux qui l'accompagnent.

Mais, n'est-ce pas une façon de raisonner singulière, d'annoncer pompeusement que les traités de commerce de 1860, ont eu des effets désastreux, qu'on va « étudier exactement les suites de ce régime, se livrer à un véritable inventaire des résultats qu'ils ont produits pour notre pays, » puis, au cours de la discussion, de négliger l'ensemble, pour se rabattre et se concentrer sur ce mince détail : l'intérêt et les souffrances de l'industrie cotonnière ? En vérité, c'est la montagne accouchant d'une souris ; et même d'une souris douteuse. Car M. le Rapporteur et M. le Ministre du commerce ont contesté l'exactitude de vos chiffres et de ceux de votre ami, M. Fresneau.

M. Teisserenc de Bort conclut ainsi une rectification, faite à la tribune, des chiffres de M. Fresneau : « En sorte que cet argument très catégorique, à l'appui de la thèse que l'orateur a développée ; en sorte que ce rapprochement par lequel, certainement, le Sénat a dû être très impressionné, qui mettait en présence un chiffre de 125 millions, descendant au chiffre de 11 millions, se change, en réalité, en une exportation de 16,500,000 francs, qui a été doublée, c'est-à-dire qui s'est élevée au chiffre de 34 millions. » M. Fresneau, il est vrai, maintient ses chiffres ; mais il en résulte qu'ils sont au moins contestables (Voir aux pièces annexes B ; — Dire de M. Lalande au Conseil supérieur).

Sans entrer à ce sujet, Monsieur, dans une discussion interminable, je vais citer, plus pour l'édification des lecteurs que pour vous, car je n'ai pas l'outrecuidante prétention de vous convertir, les effets certains, indiscutables et d'ensemble des traités de 1860, sur le développement des échanges internationaux ou du commerce extérieur de la France.

En 1859, l'année qui précéda la réforme, les exportations et importations de la France avec les divers peuples et les colonies, atteignent le chiffre de 5,411 millions. (Tableau des douanes.)

Dans l'année 1873, ce même commerce général s'élève à 9,398 millions, soit un accroissement dans les échanges et les transactions internationaux, de 3,987 millions ou de 74 o/o.

En 1879, les importations s'élèvent à 5,579,3 millions ; les exportations à 4,269,6, total : 9,848,9, soit une progression sur 1873, de 450 millions.

Dans la période quinquennale de 1861 à 1865, la moyenne du commerce général est de 6,680 millions, avec une différence en faveur des exportations de 217 millions pour 1865.

Dans la période de 1866 à 1870, la moyenne du commerce général s'élève à 7,872. Elévation en plus de cette moyenne, 1,107 millions.

Dans la période quinquennale de 1871-1875, le chiffre moyen des importations et exportations réunies, s'élève à 8,656,3 millions. Elévation de la moyenne pour cette période 1,069,1 millions. Différence en plus pour les exportations 91,1 millions.

En 1875, les importations s'élèvent au commerce général à 4,461,8, et les exportations à 4,807 millions ; soit, au total : 9,268,8 millions.

L'année 1879, dont nous avons donné les chiffres, présente sur 1875, une augmentation de 1,117 millions pour l'importation, et une diminution de 537 millions dans l'exportation. Nous pensons, pour notre part, que ce fait est accidentel, et nous démontrerons plus loin, au sujet de la *balance du commerce*, qu'il n'a rien de particulièrement affligeant.

Nous répéterons encore que pour échanger il faut produire, car les produits s'échangent contre des produits. Pour créer les objets échangeables, il faut travailler, se livrer à l'industrie. Il y a donc eu, parallèlement à cet accroissement considérable des échanges internationaux, un accroissement correspondant, dans la production, le travail et le bien-être des classes laborieuses.

Les salaires se sont aussi sensiblement améliorés. En 1853, la moyenne générale des salaires de 62 métiers ou professions, recensés par les maires de chefs-lieux de département est, pour les hommes, (nourris ou non nourris) 1 fr. 43.

En 1874, cette moyenne générale est de 2 fr. 09. Ainsi, en 21 ans, les salaires, en province se sont accrus en moyenne dans la proportion de 48 o/o, c'est-à-dire d'un peu moins de moitié et de plus des deux cinquièmes, ce qui fait une augmentation de 2,40 o/o par an. Dans cette même période, le salaire des femmes s'est accru de 45 o/o.

Les salaires de l'industrie parisienne ont augmenté dans la même période de 30 o/o pour les hommes, de 31 o/o pour les femmes.

En 1878, la moyenne à Paris est de 3 fr. 24, en province de 2 fr. 19. Nouvelle augmentation sur 1874 de plus des 3/4 ou de 75 o/o en province, du salaire des hommes.

Le nombre des *appareils à vapeur* est corrélatif à l'état de la production et de l'industrie d'un pays ; c'est un des signes indiscutables, j'allais dire le thermomètre de sa prospérité. Or, de 1860 à 1872, le chiffre des appareils à vapeur (comprenant machines fixes, locomotives et bateaux), s'est élevé de 18,726, représentant la force de 523,769 chevaux-vapeur à 34,703, équivalant à 924,045 chevaux-vapeur.

« Il est facile de reconnaître, dit la *Statistique officielle de l'Industrie minérale* (1872), que de 1840 à 1872 le nombre des machines de toutes sortes employées par l'industrie privée a progressé dans la proportion de 1 à 12 et que leur force s'est élevée dans la proportion de 1 à 16 ; de telle sorte qu'en 1872, la puissance mise au service de l'industrie par les machines à vapeur, s'est élevée à 924,045 chevaux-vapeur. Ce dernier chiffre prouve que les douloureux événements de 1870-71, ont pu retarder le développement de notre puissance industrielle, mais ne l'ont heureusement point arrêtée [1] »

Pour résumer en finissant tous ces chiffres indigestes, je vais, Monsieur, placer sous vos yeux et ceux de nos *amis lecteurs*, comme on disait jadis, un extrait des travaux considérables et autorisés du Conseil supérieur du commerce et de l'industrie. Ce Conseil, qui s'honore de vous compter parmi ses membres, est, pour ainsi dire, le Parlement du commerce français. Toutes les branches de l'industrie nationale y sont représentées par des hommes marquants et d'une compétence indiscutée.

Voici en quels termes MM. Raoul Duval et Balsan s'expriment devant le Conseil supérieur du commerce, en qualité de rapporteurs de la Commission des textiles, au sujet des traités de 1860 :

[1] En estimant, avec certains économistes, la production annuelle de la France à 12 milliards, on peut chiffrer à 6 milliards environ l'économie de la main-d'œuvre, réalisée grâce à la collaboration des agents naturels. C'est la vapeur qui a été l'agent principal de cette révolution. On a calculé qu'aujourd'hui le cheval-vapeur ne revient pas à 1,000 fr. « Un sou l'heure, tout au plus, s'écrie un économiste, voilà ce que coûtent le salaire et la nourriture de cet ouvrier de fer, dont la puissance est égale à celle de trois chevaux de trait et dépasse celle de vingt hommes de peine. La machine à vapeur réduit le coût du mouvement partout où elle se substitue à l'homme dans la proportion de 100 à 1, sinon plus. Or, actuellement le nombre de nos appareils à vapeur dépasse 40,000 et leur force totale est évaluée à 1,500,000 chevaux ; c'est l'équivalent de plus de 60 millions de bras. » (A. de Foville. — *Economiste Français* du 9 février 1878).

« Si nous examinons l'état de la France avant 1860 et l'état actuel, on ne saurait, sans être aveugle ou partial, nier que d'immenses progrès n'aient été réalisés, particulièrement en ce qui concerne le développement des forces productrices du pays.

« Nos chemins de fer, un des instruments les plus puissants mis au service de l'industrie et du commerce modernes, ont plus que doublé, puisque de 9,100 kilom. en exploitation au 1er janvier 1860, ils se trouvent portés, en mai 1876, à 22,000 kilom., et que le mouvement des voyageurs et marchandises a augmenté dans une proportion plus forte encore, ces derniers ayant passé de 20 millions de tonnes en 1859 à 56 millions en 1855.

« Malgré l'élévation de nos taxes postales, qui ont encore été si lourdement aggravées depuis la guerre, la circulation pour l'intérieur de la France a passé de 263 à 350 millions de lettres ; celle des imprimés, journaux, papiers de commerce et cartes postales, de 179 à 360 millions.

« Nos lignes télégraphiques ont été étendues de 15,000 à 50,000 kilom., sans compter celles que la perte de l'Alsace et de la Lorraine nous a enlevées.

« Les quantités de houille extraites des mines françaises se sont élevées de 7,482,000 tonnes en 1850, à 16,950,000 tonnes en 1875. Dans la même période, les importations ont néanmoins augmenté, puisque de 5,456,000 tonnes, elles ont monté à 7,500,000. Le total des houilles mises à la disposition de la consommation française par la production nationale et l'importation réunies, a donc passé de 13 millions de tonnes à plus de 24 millions.

« La production de nos usines métallurgiques n'a pas subi un accroissement moins rapide, puisque, malgré la perte de nos beaux établissements de l'Est, encore incomplétement remplacés, la production de la fonte, de 864,000 tonnes en 1859, a dépassé en 1875 1,400,000 tonnes. Les rails et fers marchands ont été portés, comme production, de 533,000 à 870,000 tonnes ; les aciers de forge et Bessemer, de 19,000 tonnes en 1859 à 251,637 tonnes en 1875 ; le cuivre, de 8,000 tonnes à 20,000, et le zinc, de 120 tonnes à plus de 8,000.

« Si pour le prix des houilles il n'y a pas eu de différences bien sensibles au carreau des mines, la facilité des communications nouvelles a permis d'apporter ce combustible à des prix modérés sur bien des points du territoire où autrefois l'usage en était impossible ou très-coûteux. Par contre, pour les fontes et fers, on peut affirmer que les prix actuels sont inférieurs de 30 à 50 o/o aux prix moyens en usage avant la réforme économique ; pour les rails particulièrement, ainsi que pour les autres matériaux servant à la construction et à l'exploitation des chemins de fer, les prix actuels sont souvent moins de moitié des prix pratiqués autrefois.

« Les résultats du régime économique, inauguré en 1860, sont évidents, et il n'est pas besoin d'insister, pour le démontrer, sur l'augmentation générale du bien-être, sur la diminution des prix d'une foule d'objets, notamment au point de vue des textiles, dans tout ce qui a rapport à l'habillement, particulièrement celui des classes laborieuses et peu aisées, et enfin, sur l'accumulation considérable de ressources qui a permis de supporter, sans en être écrasés, les charges de la guerre.

« Le progrès industriel et commercial de la France peut se résumer dans ce fait que, pendant les trois premières années qui ont précédé le nouveau régime économique, 1857, 1858 et 1859, pour le commerce spécial, le montant de nos importations annuelles a été en moyenne de 1,690 millions, et celui des exportations, de 2,006 millions, soit ensemble 3,696 millions ; tandis qu'en 1873, 1874 1875, malgré nos désastres militaires, malgré la perte d'une des parties les plus industrielles, les plus riches et les plus productives de notre territoire, l'Alsace-Lorraine, nos importations moyennes annuelles ont été, toujours pour le commerce spécial, de 3,578 millions et les importations de 3,887; soit ensemble, 7 milliards 465 millions, représentant une augmentation de plus de 100 o/o sur la période antérieure aux traités de commerce.

« En somme, le régime économique, inauguré en 1860, est maintenant un fait accompli. Il a été une véritable révolution économique et, par ce motif, il a causé, tout d'abord, un grand effroi. Mais, le premier moment passé, chacun, sous l'aiguillon d'une concurrence terrible pour quelques-uns, menaçante pour tous, s'est mis résolûment à l'œuvre, et les progrès, qui certainement se seraient faits avec plus de lenteur, ont été réalisés avec une rapidité qui a étonné le pays et nos concurrents. Retourner aujourd'hui en arrière serait, à coup sûr, aussi nuisible pour les intérêts généraux de la France que jamais a pu l'être, aux yeux d'un certain nombre, le changement de régime de 1860, et ce seraient les plus courageux et les plus vaillants de nos industriels qui en deviendraient victimes. »

Je termine cette première partie par ces paroles autorisées. En somme, pour tout homme que n'aveugle pas l'intérêt de parti ou l'intérêt personnel, plus opaque encore, il est indubitable que les traités de commerce, conclus en 1860, avec l'Angleterre puis avec les autres puissances, ont puissamment contribué au développement du commerce extérieur, au perfectionnement de l'outillage industriel, à la prospérité et à la richesse de notre patrie.

## II

J'aborde un autre ordre de considérations.

Comment se fait-il qu'en présence de résultats aussi indiscutables, d'un tel accroissement des échanges, d'un mouvement ascensionnel aussi marqué de la production et de la richesse dans notre pays, on en soit venu à cette résolution, grosse de périls, de dénoncer le traité de 1860 et, finalement, de rompre les négociations commerciales avec l'Angleterre ?

Etablissons d'abord la situation ; puis, nous en rechercherons les causes, nous en signalerons les auteurs responsables.

Comment a pris naissance l'idée d'une révision des traités de 1860 ? Il est assez difficile de le préciser. La haine de l'Empire, qui suivit les désastres de 1870-71, le désir de ne rien conserver de ce régime abhorré, la disjonction de l'Alsace-Lorraine et la plaie ouverte au flanc de la France, l'article 11 du traité de Francfort qui stipulait pour l'Allemagne le traitement de la nation la plus favorisée, les craintes suscitées par la politique aventureuse du second Empire, l'exagération des armements militaires et l'état de paix armée où la défiance des ambitions de la Prusse victorieuse et désormais prépondérante entretenait les nations européennes ; enfin, et par dessus tout peut-être, les idées protectionnistes et arriérées de M. Thiers, en matière économique, telles furent les causes latentes et déterminantes de la révision totale des traités de commerce conclus en 1860 et dans les années suivantes.

M. Thiers, ce vaillant esprit, qui n'eut guère que ce point de défaillance, n'avait ni prévu la transformation des voies de communication qui a été la suite de l'invention de la machine à vapeur, ni compris la révolution économique qui devait suivre l'abaissement des barrières commerciales entre nations. Absorbé par cette immense opération du payement de l'indemnité de cinq milliards, du relèvement de la France au point de vue militaire et financier, le libérateur du territoire avait pensé, pour ménager le contribuable blessé, à demander aux douanes un supplément d'impôts. Il fit voter par l'Assemblée de 1871 l'impôt sur les matières premières, qui succomba devant l'unanime réprobation de la France industrielle et commerçante et aussi devant les réclamations de l'Angleterre.

Les traités de commerce en vigueur l'ayant singulièrement gêné dans l'application de son système des droits de douane devenant une branche importante du fisc, et contribuant, comme aux Etats-Unis, à éteindre la dette nationale, M. Thiers n'eut plus qu'une préoccupation : *La France doit recouvrer la liberté de ses tarifs.* Tel fut son axiome favori. Exploitée par le parti protectionniste, qui sut y intéresser le chauvinisme national, cette idée fit sourdement son chemin dans les esprits et éclata en une demande de révision générale et totale des traités de 1860.

En 1876, après la chute du ministère du 16 mai et la constitution du cabinet Dufaure, le Sénat, sur la proposition de M. Feray d'Essonnes, nommait, le 27 novembre, une Commission chargée de « *rechercher les causes de la détresse à laquelle étaient en proie le commerce et l'industrie, ainsi que les moyens d'y porter remède.* » Cette Commission ouvrit une vaste enquête qui fournit au parti protectionniste l'occasion de se compter, de reconnaître le terrain et d'arrêter son plan de campagne. Ici comme toujours, les producteurs, les patrons et directeurs des industries centralisées furent seuls entendus. Le consommateur, ce grand anonyme qui est tout le monde, cette grande masse laborieuse dont les besoins sont à peine et rudimentairement satisfaits, par ses gains ou salaires, ne trouva pas une voix pour le défendre. Il fut condamné par défaut et, n'ayant pas fait opposition, exécuté sur sa personne et ses biens. L'enquête du Sénat fut un acte d'accusation en règle contre le libre accès des produits exotiques, un pêle-mêle d'égoïsmes sans pudeur et de prétentions insatiables, un amoncellement de sophismes intéressés.

Puis, ce fut le tour de la Chambre des députés et du Gouvernement. Le Conseil supérieur du Commerce, les Chambres consultatives des Arts et Manufactures, les principaux industriels furent appelés à donner leur avis sur la révision du tarif des douanes. Une Commission de 33 membres fut chargée d'entendre et de condenser ce concert de récriminations, de plaintes, de prétendus prix de revient, de souffrances imaginaires, d'intérêts particuliers plus ou moins habiles à se dissimuler sous le couvert de l'intérêt général. Le gouvernement présenta à une année de distance deux projets de loi relatifs à l'*établisse-*

*ment d'un tarif général des douanes* (en janvier 1877 et février 1878). L'élaboration et la discussion durèrent quatre ans. Enfin, un tarif général établi sur la base du droit spécifique, puis majoré de 24 °/₀ à la demande du Ministre du commerce, fut voté par les Chambres et promulgué comme loi de l'Etat, le 7 mai 1881.

Le traité anglais du 25 janvier 1860 et les conventions supplémentaires furent dénoncées par le gouvernement français le 8 mai 1881, et pendant dix mois des négociations furent poursuivies entre les deux gouvernements, dans le but d'arriver à la prompte conclusion d'un nouveau traité de commerce sur les bases du nouveau tarif général.

M. Léon Say, pendant son ambassade à Londres, avait ouvert les pourparlers et entamé cette négociation. On pouvait croire que, libre-échangiste de doctrine, le petit-fils de J.-B. Say aurait dans ces préliminaires posé des bases constituant une amélioration sur les tarifs élevés de 1860, du moins n'aggravant pas ces tarifs dans le sens protectionniste.

Le Ministre du commerce l'avait exprimé en beau langage dans l'*Exposé des motifs* du projet : « Le moment est venu de remanier notre tarif général, en répudiant les vieilles idées de l'isolement, de l'antagonisme et des représailles, pour ne nous inspirer que des besoins de notre approvisionnement, de l'extension de nos débouchés, de l'intérêt bien entendu de notre industrie et du désir, aujourd'hui partagé par tous les esprits sages et clairvoyants, de consolider la situation que quinze années de pratique d'un régime de liberté commerciale modérée ont créée dans notre pays. C'est ainsi que nous avons été amenés à vous proposer d'emprunter les bases principales du tarif général des douanes aux traités de commerce conclus depuis la réforme économique inaugurée en 1860. » (P. 2.)

La reine Victoria disait, il y a quelques mois, au Parlement, dans son discours du trône : « L'Angleterre désire conclure un nouveau traité qui étende les relations commerciales entre les deux pays. »

Enfin, pendant son court ministère, M. Rouvier avait tellement activé les négociations, que la signature du traité paraissait imminente. « J'ai voulu laisser à mon successeur la gloire de le signer, » disait ce ministre à l'un de ses amis.

Le ministère Gambetta est renversé. M. Tirard reprend le portefeuille du commerce, et subitement tout est rompu. Ces longues et délicates négociations, que l'on croyait à la veille d'aboutir, sont brisées. Au lieu d'un traité et d'un accord, on a la mésintelligence, la brouille, l'isolement ; au lieu d'une paix définitive et assurée, une trêve, un armistice, une simple suspension d'hostilités entre deux batailles.

Dans la séance du 25 février, M. Tirard propose à la Chambre un projet de loi en deux articles : « Les marchandises d'origine ou de manufacture anglaises seront soumises, à leur entrée en France, au même traitement que celles des nations les plus favorisées. Les produits coloniaux restent soumis aux conditions du tarif général des douanes. »

L'urgence est déclarée. Sur le rapport approbatif de M. Ribot, la loi est votée par la Chambre.

Elle est également votée par le Sénat. On lit au rapport de M. Teisserenc de Bort : « Ce projet peut « se résumer en deux mots. Il aura pour résultat « de prolonger jusqu'au 15 mai, pour les produits « anglais, l'application des tarifs conventionnels en

« vigueur depuis 20 ans et qui régissent encore en « ce moment nos relations avec l'Angleterre.

« A partir du 15 mai, l'Angleterre jouira du trai- « tement de la nation la plus favorisée *sans aucun* « *engagement de notre part.* La France garde une « liberté complète, c'est-à-dire que, comme vous « l'a si bien dit M. le Ministre du commerce, s'il « advenait que l'Angleterre, à qui nous vous pro- « posons d'accorder maintenant cette situation pri- « vilégiée, parce qu'elle admet en franchise la plu- « part des objets d'origine ou de fabrication fran- « çaise, jugeait nécessaire d'altérer cette situation « et d'imposer nos produits, la France aurait une « *liberté complète pour user de représailles* et « *agir au mieux de ses intérêts.* »

Ne trouvez-vous pas que tout cela sent singulièrement la poudre, et que vis-à-vis d'une alliée ancienne et nécessaire, au point de vue politique, comme sur le terrain économique, de telles paroles, après celles de M. Tirard, sont imprudentes et déplacées ? Ces menaces à la façon des héros d'Homère, ne me disent rien de bon. Soyons moins agressifs avec nos voisins et amis. En stricte équité, nous leur avons bien quelques obligations.

Quand ils feraient ce que vous faites et taxeraient nos produits comme nous taxons les leurs, est-ce que, par hasard, ils n'en auraient pas le droit ? N'oubliez pas que la justice est figurée par une balance dont les plateaux sont en équilibre.

La situation est donc très-simple ; nous accordons à l'Angleterre le *traitement de la nation la plus favorisée* (nous nous demandons comment nous aurions pu le lui refuser) ? Toute clause favorable, tout abaissement de droits d'entrée consentis à une autre nation de l'un des cinq continents, fût-ce même la République de Saint-Marin, se trouve immédiatement applicable aux produits anglais similaires.

L'Angleterre, d'autre part, n'est vis-à-vis de nous obligée à rien, comme le voulait M. Thiers pour la France ; *elle a la liberté entière de ses tarifs !* Elle peut, quand elle le voudra, à l'occasion d'un mécontentement quelconque, d'un accès d'humeur, ou même d'un caprice, dont les gouvernements ne sont pas toujours exempts, mettre des droits à l'entrée des produits français sur son territoire, taxer nos soieries, nos vins, nos articles de Paris, restreindre ou fermer ainsi l'un de nos principaux débouchés, troubler notre industrie et notre commerce, tarir l'une des sources vives de notre prospérité, nous léser dans un de nos intérêts vitaux et majeurs.

Mais, dit-on, l'Angleterre ne fera pas cela ; son intérêt et ses principes lui commandent d'ouvrir ses ports et ses frontières aux produits étrangers, d'employer son immense marine à les transporter, car elle est le transporteur universel ; elle est, d'autre part, rivée aux principes libre-échangistes de l'Ecole de Manchester. — Soit, nous acceptons très-bien, et c'est notre doctrine, que l'Angleterre, de même que tout autre peuple, ait intérêt à ouvrir ses ports et ses frontières aux produits exotiques ; à leur tendre les bras et à les accueillir fraternellement, car ils aident, suppléent, activent la production nationale et lui ouvrent par l'échange de larges débouchés.

Mais, quand le ministère Gladstone ne sera plus au pouvoir, quand les torys auront remplacé les whigs, qui nous dit que lord Salisbury, ou tout autre, ne feront pas de cette question des droits, la *plate-forme des élections*, et ne taxeront pas nos provenances ? *L'Angleterre n'est pas liée et nous ne sommes pas liés*, car il n'y a pas de convention commerciale et synallagmatique, de traité international et bilatéral entre ces deux nations, représentées par leurs gouvernements respectifs. Il y a une loi, une *simple loi de l'Etat français*, votée par les Chambres françaises ; qu'elles peuvent abroger, modifier ou remplacer, sous l'empire d'un courant d'opinion, d'une irritation, d'une passion politique quelconque.

Il y a même pour le gouvernement et les Chambres françaises, un moyen indirect et tout aussi efficace de rompre en fait ou d'amoindrir nos relations commerciales avec l'Angleterre. Ce moyen consiste à mettre des droits exagérés à l'entrée de certains produits similaires des produits anglais (les filés de coton, par exemple), dans les divers traités conclus avec d'autres nations ; ou même à ne pas faire de traités de commerce avec celles de ces nations qui produisent ces similaires, de façon à les faire tomber sous l'application des droits prohibitifs inscrits au tarif général du 7 mai 1881.

Telle est précisément la thèse que les protectionnistes ont soutenue au Sénat dans les séances des 28 et 30 mars 1882. Les critiques de M. Buffet sur l'incohérence des droits successivement inscrits dans les traités nés ou à naître, étaient, à ce point de vue, parfaitement fondées.

Ceci est donc au premier chef le régime de l'incertitude, de l'instabilité, des guerres de tarifs possibles et de l'isolement commercial grandissant ; c'est un retour en arrière.

Quand aux représailles dont M. Teisserenc de Bort et M. Tirard menacent l'Angleterre, au cas où, nous imitant, elle taxerait nos produits à l'entrée et aggraverait ses tarifs (maintenant à peu près nuls, et dans tous les cas purement fiscaux) ; quant à cette intention ou à cette prétention exprimée par le rapporteur de la loi Tirard, « de subordonner le traitement de la nation la plus favorisée au maintien des tarifs actuellement en vigueur en Angleterre, » ces représailles et cette intention, sachez-le bien, sont et ne peuvent être que purement platoniques. Cette épée de Damoclès est absolument imaginaire.

En voici la raison. De 1860 à 1878, le commerce des articles manufacturés, entre la France et l'Angleterre, s'élève à 12 milliards 632 millions et accuse en notre faveur une différence de 4 milliards 766 millions.

En l'année 1878 seule, cette différence est de 335 millions ou d'un tiers en notre faveur.

En 1881, l'Angleterre importe chez nous 599 millions de produits ; nous en exportons chez elle 830 millions ; différence en notre faveur, 241 millions, du quart au tiers [1].

En présence de pareils chiffres, d'un tel mouvement d'échanges, se balançant officiellement en notre faveur, je vous mets au défi, vous, gouvernement d'opinion et de suffrage universel, d'entraver ces relations commerciales, de troubler ce formidable entrecroisement d'intérêts, en relevant vos tarifs. Je vous en porte le public défi ! Ce serait votre arrêt de mort, et comme le goût du suicide n'est pas généralement répandu, même parmi les gouvernants, j'ai raison de dire que cette menace de représailles, outre qu'elle est déplacée, est absolument puérile.

[1] *Annuaire statistique du Ministère du commerce pour 1881.*

J'ajoute que quand deux nations sont liées par un mouvement annuel d'échanges, qui atteint un *milliard et demi de francs !* quand nous introduisons en Angleterre un tiers de plus de nos produits que nous n'en recevons d'elle ; quand les marchandises qu'elle nous envoie : principalement la houille, les machines, les filés de coton, les laines d'Australie, sont la matière première et indispensable de nos industries nationales, je dis qu'il est souverainement imprudent de compromettre un tel état de choses, de risquer de tarir une telle source de richesses, et de livrer au hasard de si considérables débouchés !

Quoiqu'en puissent dire les hobereaux de la protection, il était autrement sage et patriotique de résister à cette manie de révision générale et totale des traités de commerce qui nous a envahis comme une peste noire ; de ne pas dénoncer, le 8 mai 1881, le traité franco-anglais ; d'entamer simplement des négociations pour l'améliorer sur quelques points défectueux ou même d'élaborer le nouveau traité qu'on avait l'ambition de conclure, sur ces bases de 1860, éprouvées par vingt-deux années de prospérité grandissante et d'accroissement continu des échanges !

Je ne craindrai pas de répéter, avec un économiste compétent et impartial, « que ces négociations, depuis le commencement, ont été conduites, du côté de la France, avec un entêtement puéril, un manque signalé de courage et un esprit brouillon [1]. »

L'honorable M. de Freycinet disait dernièrement aux délégués de Lyon et de Saint-Etienne « que les exigences de l'Angleterre avaient été telles que M.

[1] *Economiste français* du 19 mars 1882. — Article de P. Leroy-Beaulieu, membre de l'Institut, successeur de Michel Chevalier au cours d'économie politique du collège de France.

Léon Say lui-même, libre-échangiste convaincu et de doctrine, avait estimé que l'on ne pouvait les soumettre aux Chambres françaises. »

De même, M. Tirard, dans l'*Exposé des motifs* du projet de loi, s'efforce de rejeter sur l'Angleterre la responsabilité de la rupture des négociations. Ce sont ses prétentions exorbitantes, « contraires, dit-il, aux intérêts et à la dignité de la France, qui ont obligé le gouvernement français d'apporter, à cette situation fâcheuse, un prompt et efficace remède, » par la présentation du projet de loi relatif à l'entrée, en France, des produits anglais.

Là n'est pas pour nous la vraie raison de la rupture des négociations.

Cette explication se trouve dans le *tarif général français*, dans les droits élevés et principalement dans la conversion des droits *ad valorem* (suivant la valeur déclarée par l'expéditeur) en *droits spécifiques* ou par catégories (à la mesure ou au poids).

Le prédécesseur de M. Tirard, M. Rouvier, l'a dit à la Chambre, dans la séance du 27 février : « Nous croyons savoir que les droits spécifiques ont été le motif principal de la rupture des négociations. »

Telle est également l'opinion de L. Beaulieu : « La boîte de Pandore, d'où s'échappèrent toutes les surprises et tous les maux, c'est la substitution des droits spécifiques aux taxes *ad valorem*, inscrites dans le traité de 1860.

Des déclarations formelles des négociateurs anglais et des Chambres de commerce les plus intéressées dans la question, sont venues confirmer ces appréciations.

Sir Ch. Dilke, sous-secrétaire d'Etat du *Foreign-Office*, représentant de l'Angleterre dans ces négociations, a affirmé, dans une lettre à M. le Président de la Chambre de commerce de Londres, lettre rendue publique et qui se réfère aux pièces officielles publiées au *Blue-Book* « que de grandes difficultés se sont produites pour certaines marchandises, telles que les cordes, les moleskines, les cuirs, pour lesquels on *exige, aujourd'hui des droits spécifiques, ce qui augmente les droits actuels.* » Le négociateur ajoute : « En fait, les principales difficultés sont venues « du changement de classification et des droits adop- « tés qui changent les anciens droits *ad valorem* en « droits *spécifiques*. Après examen de ces parties du « tarif, les commissaires royaux ont reconnu qu'en « nombre de cas, pour des articles d'une grande « importance pour le commerce anglais, les proposi- « tions qui étaient faites, étaient bien loin du main- « tien du *statu quo*.

« On était convaincu que, si le gouvernement « français ne voulait pas améliorer les conditions « actuelles, il accepterait, dans tous les cas, une pro- « position générale du maintien des traités établis « en 1860-1864. *Cette proposition a été rejetée.* Il « était alors devenu nécessaire d'examiner chaque « catégorie, de telle sorte qu'il fut bien certain que « les nouveaux droits étaient l'*équivalent du statu* « *quo*. Mais les commissaires de Sa Majesté ont bien- « tôt vu qu'il était impossible de s'entendre avec leurs « collègues français, surtout au sujet des cotonnades « imprimées et façonnées ainsi que des marchan- « dises de laine mélangée.

« Le gouvernement de Sa Majesté a fait de son « mieux pour le maintien des droits *ad valorem*, tels « qu'ils avaient été établis en 1860, et pour démon- « trer que, pour un grand nombre de marchandises

« anglaises, on ne pouvait pas établir *d'autre genre* « *de droits*. Pour en finir, Lord Lyons a reçu l'ins- « truction de proposer le *maintien momentané des* « *droits* ad valorem *pour les articles dont l'équi-* « *valent n'a pas encore été trouvé; mais le gouver-* « *nement français a refusé d'accepter cette proposi-* « *tion. (!!)* »

Sir Charles Dilke ajoute : « Le gouvernement de « Sa Majesté a établi qu'il existait une grande diffé- « rence entre le système douanier des deux pays. « En Angleterre, il n'est question que de *droits fis-* « *caux*, tandis qu'en *France, il existe un tarif pro-* « *tectionniste*. Il regrette le résultat peu satisfaisant « des récentes négociations et la fin des traités exis- « tants. Cependant, sa détermination de ne pas ac- « cepter de traité rétrograde a été bien clairement « indiquée pendant toutes ces discussions, et cette « résolution a été approuvée par les principales « Chambres de commerce anglaises, ainsi que par « le Parlement. »

Ce document, publié par les journaux, nous paraît avoir une grande importance, en ce qu'il établit nettement que ce sont les *exigences protectionnistes des négociateurs français* qui ont amené la rupture des négociations, et que les *droits spécifiques* ont été le prétexte dont on s'est servi pour tenter un relèvement des droits, que les négociateurs anglais ne pouvaient accepter.

La Chambre de commerce de Londres, dans une lettre adressée à tous les Présidents des Chambres de commerce françaises, dit également : « Il a été admis, non-seulement par l'ex-ministre du commerce représentant la France, mais aussi par sir Ch. Dilke, représentant l'Angleterre, que la rupture des négociations au sujet du traité de commerce franco-anglais, est due *entièrement* à la conversion projetée des anciens droits *ad valorem* en *droits spécifiques.*

« Cette conversion a tout d'abord été mise en avant par la circulaire ministérielle du 17 avril 1875. Nous ne pensons pas que les Chambres de commerce consultées, avaient eu, en 1875, l'intention de transformer cette question des droits spécifiques *versus*, les droits *ad valorem*, en difficultés insurmontables. La circulaire ministérielle faisait allusion à la conversion plutôt comme indication et c'est ainsi que les Chambres parurent la considérer. Mais aujourd'hui, en présence d'une *rupture aussi brusque qu'inattendue*, ces Chambres ne peuvent que se demander si elles sont satisfaites de voir un traité qui durait depuis vingt ans au profit mutuel de deux nations amies, mis en pièce pour une question, qui en définitive, n'est que secondaire ? N'est-ce pas une anomalie que de voir la France refuser aujourd'hui à l'Angleterre, ce qu'elle a cédé à l'Autriche il y a dix-huit ans ? C'est cependant le fait à l'heure qu'il est. »

Nous avons entre les mains une foule d'autres documents, desquels il résulte que l'impossibilité d'une conversion équivalente s'est surtout révélée au sujet des cotons, des lainages et des cuirs (A. voir aux pièces annexes). Les négociateurs étaient d'accord pour la conversion spécifique de tout le tarif, *excepté ces trois articles*, et c'est là ce qui a été la pierre d'achoppement des négociations. Le gouvernement anglais tenait ce langage à M. Tirard : « Puisque nous sommes d'accord sur tout le reste, laissez provisoirement, jusqu'à entente ultérieure, subsister sur ces trois produits les droits du traité de 1860.

C'est tout ce que nous vous demandons. » Etudions la question, mûrissons la solution, et quand une équitable équivalence aura été trouvée, nous compléterons, en ce point, le tarif nouveau. » Les Chambres de commerce de Manchester et de Bradfort complètent, sur ce point, l'affirmation de sir Charles Dilke et celle de M. Murray. M. Tirard n'a pas voulu écouter ces propositions modérées et conciliatrices, il a formellement repoussé ce *modus vivandi* transitoire[1].

La lettre de la Chambre de commerce de Londres aux Chambres de commerce françaises, malgré sa forme polie et modérée, a eu le don d'exciter la colère des Chambres protectionnistes du Nord. Amiens, Lille, Roubaix, Dieppe ont répondu. Lille va jusqu'à accuser formellement le commerce anglais de fraude habituelle, j'allais dire de vol. « Pourquoi les Chambres de commerce anglaises ne sont-elles pas satisfaites ? Parce que, pour un tissu donné, qui doit payer 15 o/o de la valeur, par exemple, l'importateur paie bien 15 o/o, mais seulement de la valeur qu'il déclare et non de la valeur réelle ; de là la différence que vous signalez entre ces *droits spécifiques* nouveaux et les droits anciens *ad valorem.* » On ne

[1] Un autre reproche plus grave encore à faire à M. Tirard, et nous sommes certain du fait que nous avançons, c'est *de n'avoir pas rendu à la commission anglaise la visite que celle-ci lui a faite à son arrivée à Paris,* ce qui a empêché de nouvelles visites personnelles. Nous tenons d'un de nos amis d'Angleterre, mêlé de près à ces négociations, cette affirmation catégorique. « Après avoir supporté les refus que M. Tirard lui a fait subir, l'Angleterre ne fera certes pas de nouvelles ouvertures et je suis sûr qu'elle n'en acceptera pas, tant que M. Tirard restera au commerce. Elle se méfiera toujours de lui, comme agissant sans principes et rabâchant toujours la même chose. Il est trop compromis avec la conversion des *droits à la valeur* pour jamais accepter une nouvelle base. »

peut pas dire plus clairement aux Anglais : « Vous êtes des voleurs il est vrai ; cependant, comme nous avons besoin de vous, nous espérons que nous finirons par nous entendre. »

Vous ne vous êtes pas gêné, vous, notamment, Monsieur Pouyer-Quertier, pour le dire tout crûment à la Chambre. Vous avez affirmé qu'il y avait à Boulogne des agents chargés de voler la douane ; qui se chargent du transport des tissus achetés à Bradfort pour 40 fr., au lieu de 68 fr., coût du transport par chemin de fer et bateaux, mais à cette condition qu'ils feront la déclaration en douane. C'est là, dites-vous, qu'est le nœud de l'affaire ; c'est là qu'est la compensation ! M. Millaud vous a répondu avec raison : C'est un roman ! Car au lieu de produire vos pièces à la tribune, afin qu'on pût les discuter, vous avez offert, sous prétexte de ne pas commettre de diffamation, de les remettre au Président, ajoutant que, d'ailleurs, la diffamation s'appliquerait à *tous les agents de Boulogne !* (Séance du 30 mars 1882). C'est par des allégations pareilles ou même des faits particuliers, qu'on déroute l'opinion, qu'on égare les esprits et qu'on cherche à pêcher en eau trouble quelques bons petits droits protecteurs, lesquels, insignifiants en apparence, produisent des millions pour ceux qui les obtiennent.

Tout fait nombre, dit l'homme, en voyant son butin.

Mais vous avez fait mieux, Messieurs de la protection. La lettre de la Chambre de commerce de Londres avait porté juste. Elle faisait appel au bon sens des Chambres françaises en faveur d'une reprise des négociations, et vous n'étiez ni les plus nombreux ni les plus forts. Pour parer ce coup droit vous avez imaginé de réunir, le 30 mars, au Grand-Hôtel, *à l'encontre de la loi*, les Chambres de commerce protectionnistes, et, pareils à la grenouille de la fable, vous avez voulu faire votre réunion *aussi grosse que le bœuf*, suppléer au nombre par l'audace et le bruit !

Elle qui n'était pas grosse en tout comme un œuf,
Envieuse, s'étend et s'enfle et se travaille
Pour égaler l'animal en grosseur,
Disant : Regardez bien, ma sœur.
Est-ce assez, dites-moi ? N'y suis-je point encore ?
Nenni. — M'y voici donc ? — Point du tout — M'y voilà ?
Vous n'en approchez point. — La chétive pécore
S'enfla si bien qu'elle creva.

Voilà l'histoire de votre manifestation piteusement avortée. Vous êtes un habile metteur en scène, Monsieur Pouyer-Quertier ; mais rien ne peut contre l'évidence des faits, et vous aurez beau vous agiter, vous enfler, vous ne parviendrez pas, vous et vos amis, à faire croire que vous représentez ni comme opinion, ni comme nombre le commerce et l'industrie de la France !

44 Chambres de commerce et *consultatives des Arts et Manufactures* étaient représentées à la réunion protectionniste du Grand-Hôtel ; mais il existe en France 85 Chambres de commerce et 83 Chambres consultatives des Arts et Manufactures, en tout 168 organes officiels de la représentation commerciale et industrielle. Ainsi, même en prenant vos chiffres, 124 Chambres étaient absentes et les délégués du Grand-Hôtel représentaient un peu moins du quart des Assemblées qui auraient pu voter, si elles avaient été consultées. Car il est remarquable que vous avez trié vos partisans sur le volet, puisqu'il y a eu unanimité dans le vote et que les autres

Chambres de commerce et consultatives n'ont pas eu l'heur d'être convoquées. Ces 124 Chambres sont donc contraires en principe aux théories émises et aux résolutions protectionnistes votées à l'unanimité, d'après ce compte-rendu. Il est vrai de dire en cette matière : qui n'est pas avec nous est contre nous. Quatre résolutions ont été adoptées pour protester :

1° Contre l'introduction des droits *ad valorem* substituée aux *droits spécifiques*. Ceci est visiblement fait pour empêcher de traiter avec l'Angleterre.

2° Contre tout tarif conventionnel qui consentirait une réduction de plus de 24 % sur le tarif général. Vous êtes ici dans votre rôle de protectionnistes en prenant vos précautions contre tout abaissement des droits. Mais si le gouvernement bien inspiré, fait des réductions au-dessous de 24 % et que la Chambre les ratifie, il faudra bien, bon gré mal gré, vous y soumettre.

3° Contre la création de *catégories* de marchandises non prévues au tarif général.

C'est là un moyen d'aggraver les *droits spécifiques* ; car, si le même droit frappe des marchandises d'une valeur très-diverse, il est clair que celles dont la valeur et le prix sont le plus abaissés, sont aussi le plus durement frappées. Ce droit spécifique ne peut approcher de l'équité, que si les catégories sont nombreuses et se proportionnent à la nature et à la valeur des produits. Or, ce sont ces distinctions et classifications équitables que vous voulez proscrire ! Vous êtes dans votre rôle. Accaparer le marché national pour mieux l'exploiter; vous êtes bien les vautours de la protection : *Immortale jecur tondens et fecunda pœnis viscera.*

L'Assemblée du Grand-Hôtel a enfin émis le vœu

que le Parlement renonçât au régime des traités de commerce pour adopter celui des *tarifs autonomes*. C'est le système Buffet, amalgamé avec le vôtre :

Ami de ma jeunesse, approche, embrassons-nous.

Cette manifestation, provoquée à bref délai, avait pour but de peser sur les résolutions du Sénat, d'empêcher le vote du traité italien et autres qui devaient suivre. Elle a piteusement avorté, comme c'est justice toutes les fois que l'intérêt particulier cherche à se substituer à l'intérêt général ; que le petit nombre tente d'exploiter le grand nombre ; que la grenouille veut se faire aussi grosse que le bœuf. Ça été le chant du cygne, précurseur d'une fin prochaine. Au reste, l'enterrement du protectionnisme a été gai ; ces Messieurs avaient encore quelque monnaie dans leur poche et la table du Grand-Hôtel n'était pas loin.

Tels ces Romains de la décadence qui avivaient la joie de leurs festins par l'image et le contraste de la mort !

Mais le gros de la bataille et l'effort des assaillants se sont concentrés dans les grandes journées et la mémorable discussion des 28 et 29 mars 1882 au Sénat. Quatre grands chefs et vénérables du protectionnisme ont successivement donné. On a vu reparaître tous les vieux sophismes, usés et démodés, des beaux jours du *système ;* tout le bric-à-brac de l'indépendance nationale, de la réciprocité, des conditions de production égales, etc. Profitons-en, pour le réintégrer avec cérémonie au garde-meuble du passé. Classée et étiquetée méthodiquement, cette collection de vieilleries peut avoir son intérêt et son utilité.

Les chevaliers féaux et joûteurs du protectionnisme, dans ce tournoi oratoire, ont été MM. Gustave Denis, Fresneau, Buffet, et le général en chef de cette campagne, le Napoléon du coton, l'illustre M. Pouyer-Quertier [1]. Je les nomme afin que l'histoire enregistre leurs noms et que leur gloire ne se dissipe pas en fumée; pour que la collection des fossiles soit au grand complet, et que le protectionnisme ne soit pas oublié dans la nomenclature des aberrations de l'esprit humain, entre la quadrature du cercle et le mouvement perpétuel. Le protectionnisme, c'est la panacée universelle qui guérira tous les maux de notre pays, qui cicatrisera les plaies vives du budget. C'est la douce Révalescière du Barry de l'industrie et du commerce français !

Le Sénat, il est vrai, par 172 voix contre 101, a osé écarter un amendement de M. Testelin proposant l'adoption d'un *tarif autonome, maximum et minimum;* et malgré les flots d'éloquence répandus, il a commis l'inconvenance de décider qu'il examinerait le projet, puis adopté son article unique par 161 voix contre 100 [2].

Le protectionnisme a donc subi une nouvelle et irrémédiable défaite. Il avait à l'avance choisi son champ de bataille, fortifié ses positions, et, suivant l'expression de Bossuet, « n'avait rien laissé au hasard de ce qu'on peut lui ôter par conseil et par prudence. » Les gros bataillons ont donné avec ensem-

[1] M. Teisserenc de Bort, rapporteur de la Commission du traité franco-italien, et M. Tirard, ministre du commerce, leur ont répondu et ont soutenu vaillamment le poids de cette discussion.

[2] Séance du Sénat du 1er avril 1882, présidence de M. Le Royer.

ble dans les circonstances les plus favorables et n'ont pu rester maîtres du champ de bataille.

Mais c'est déjà trop qu'un système aussi visiblement injuste, vexatoire, rétrograde et anti-national ait pu réunir cent partisans dans la Chambre haute ; ceci est une preuve nouvelle de l'incroyable ignorance où sont encore les meilleurs esprits en matière économique. C'est à ce titre que nous avons voulu soumettre à un nouvel examen toutes ces armes rouillées du vieil arsenal protectionniste.

Ainsi il reste établi que l'introduction dans les tarifs de la clause des *droits spécifiques* a été la pierre d'achoppement des négociations avec l'Angleterre ;

Que cette introduction a été une manœuvre du parti protectionniste ;

Que le gouvernement anglais a demandé d'abord le maintien des traités de 1860, avec les droits *ad valorem*, puis qu'il a accepté en principe cette conversion, à condition qu'elle fût équitable et n'opérât pas un rehaussement des droits ; que les négociateurs étaient parvenus à se mettre d'accord sur tous les points, sauf en ce qui concerne les cotons, laines et cuirs ; que le gouvernement anglais a alors demandé que l'on traitât sur ces bases, en maintenant le *statu quo ante* pour les trois articles seulement sur lesquels on n'avait pu se mettre d'accord ; que M. Tirard a refusé de traiter sur ces bases ; qu'il a refusé également d'inscrire, dans une *convention internationale*, la clause dite du *traitement de la nation la plus favorisée ;* qu'il a préféré enfin céder aux exigences des protectionnistes et rompre brusquement les négociations ; faire voter par les chambres françaises une loi unilatérale, au lieu de sauvegarder, par un traité synallagmatique, les intérêts du commerce et de l'industrie française.

Enfin, il est certain que la très-grande majorité des négociants et industriels de France, représentés par les Chambres de commerce et consultatives des Arts et Manufactures, eussent aisément fait le sacrifice des droits spécifiques au maintien de la vieille entente commerciale anglo-française. Les Chambres de commerce de Lyon, de Bordeaux, de Saint-Etienne, de Marseille, de Nancy, etc., se sont formellement prononcées en ce sens [1]. Les droits spécifiques ne sont pas un dogme absolu, un fétiche auquel il faille sacrifier la prospérité et les alliances de la France. Notre jeune République est trop suspectée des vieilles monarchies d'Europe pour nous aliéner même celles que nous rattachent des sympathies, des traités et de considérables intérêts.

Le *Times*, qui réflète l'opinion des négociants de la Cité et du grand commerce anglais, disait dernièrement :

« La France a voté pour l'Angleterre le traitement de la nation la plus favorisée ; nous l'en remercions, mais nous nous demandons comment elle eut pu faire différemment ?

« Quant à nous, si nous acceptons en franchise de droits les produits français, c'est que nous les trouvons mieux confectionnés ou à meilleur marché que ceux que nous pourrions fabriquer nous-mêmes.

« Pour la France, elle est parfaitement libre, si

[1] Une pétition couverte de 4 à 5,000 signatures, vient d'être adressée au Gouvernement par les patrons et ouvriers tisseurs de Saint-Etienne (Loire), pour la reprise des négociations commerciales avec l'Angleterre, sur les bases de 1860.

cela lui agrée, de payer plus cher nos laines et nos cotonnades, *c'est son affaire plus que la nôtre.* «

C'est là le langage même du bon sens. Au reste, quoi que M. Tirard ait pu dire des « prétentions exorbitantes de l'Angleterre, » il est certain qu'elle avait ici une position inexpugnable et qu'elle a eu parfaitement raison de ne pas vouloir accepter d'aggravation de droits.

L'Angleterre laisse pénétrer tous nos produits chez elle, en franchise de droits ; elle nous ouvre sa maison et nous y donne une hospitalité « écossaise. » Nous, en retour, nous nous méfions d'elle, nous taxons ses produits, dans le but de protéger nos industries nationales ; nous relevons même des droits anciens, passés dans la pratique et consacrés par un long usage ; en retour de sa large et cordiale hospitalité, nous la logeons à l'auberge et lui faisons payer cher son séjour et son entretien.

Mais l'Angleterre, s'écrie le chœur des niais, ne nous faisait aucune concession ! De grâce, quelle concession peut-elle nous faire, puisqu'elle les a faites toutes d'un seul coup, qu'elle s'est entièrement dépouillée et qu'elle a les mains vides ? Ses exigences sont vraiment intolérables de vouloir commercer librement avec nous, sans entraves, et de nous dire : « Notre commerce et notre industrie sont indispensables l'un à l'autre, puisqu'ils échangent annuellement un milliard et demi de matières premières ou de produits. Je vous ouvre mon territioire : ne relevez au moins pas les barrières que vous croyez devoir maintenir. Mes négociants désirent, à coup sûr, écouler leurs produits chez vous ; mais ils vous achètent une quantité considérable des vôtres, puisque vos importations surpassent les nôtres d'un tiers. »

Soyons amis, Cinna, c'est moi qui t'y convie.

Ah ! si l'intérêt général dominait et réglait seul toutes ces questions ! Si le producteur n'était pas consulté toujours et partout, et le consommateur toujours oublié et méconnu ; si l'équité prenait la place de l'égoïsme féroce et destructeur ; si, enfin, les hommes étaient plus éclairés sur leurs véritables intérêts, comme ces questions seraient vite réglées à la satisfaction et au plus grand bien de tous !

Rappelons en terminant les vrais principes en cette matière. Nous donnons la parole à J.-B. Say :

« Une prohibition de marchandise étrangère, au moyen de laquelle nous sommes forcés de remplacer cette marchandise par une production indigène qui revient plus cher, équivaut à un règlement industriel qui nous obligerait à nous servir, pour créer un produit, d'un procédé plus dispendieux au lieu d'un procédé plus parfait. Le procédé le plus parfait est, dans beaucoup d'occasions, la voie du commerce ; c'est celle qui nous permet de *faire notre café en étoffes*, en fabriquant des étoffes et en les envoyant dans les pays à café. Le procédé le plus dispendieux, est celui qui produit du café immédiatement en le cultivant dans des serres chaudes qui le fournissent moins abondant ou moins bon.

« Lorsqu'au lieu d'une prohibition absolue, le législateur frappe une marchandise importée d'un droit d'entrée, il convient de distinguer le cas où le droit suffit pour empêcher toute importation, du cas où une certaine quantité de consommateurs (ou plutôt de commerçants agissant pour les consommateurs), jugent à propos d'importer une quantité quelconque de marchandises, sauf à payer le droit.

« Dans la première supposition, le droit est une prohibition déguisée (Ainsi, les droits de 60 o/o, mis par les Etats-Unis à l'entrée des soieries françaises) ; dans la seconde, la nécessité où l'on met les consommateurs de payer ce prix, équivaut complétement pour eux à une diminution de revenu ; car notre revenu à tous, quelle qu'en soit la source, est d'autant plus grand, qu'il peut nous servir à acheter plus d'objets de consommation ; et ce que nous donnons de plus pour un objet, diminue d'autant ce que nous pourrions consacrer à l'achat d'un autre.

« L'ignorance presque générale où l'on est encore, par rapport à ce principe incontestable, fait que nous sommes ordinairement sacrifiés en notre qualité de consommateurs ; c'est-à-dire, dans la fonction que nous exerçons le plus généralement, le plus constamment, pendant toutes les heures du jour, pendant notre sommeil même ; car les draps de lit dans lesquels nous sommes couchés, nos matelas, la couchette, nos rideaux, notre ameublement, notre appartement, l'ardoise ou la tuile qui nous couvre, *sont des objets que nous consommons en dormant.*

« Nos revenus, à quelque somme qu'ils se montent, sont dans une lutte perpétuelle contre tous nos besoins. *Ils sont diminués par chaque sou que l'on nous fait payer de plus et que nous pourrions payer de moins.* Calculez, si vous pouvez, ce que l'on fait ainsi payer de trop, en renchérissements, à une grande nation. C'est bien une autre somme que celle que les douanes reçoivent en droits d'entrée. Un droit qui équivaut à une prohibition, coûte souvent des sommes considérables et ne rapporte pas une obole au gouvernement et à ses agents [1]. »

## III

Ainsi, Messieurs les protectionnistes, et plus spécialement les hobereaux de la cotonnade, ont été les auteurs responsables de la rupture des négociations commerciales avec l'Angleterre. *La cause* de cette rupture a été, sous l'inspiration des protectionnistes, l'essai inconsidéré de révision totale des tarifs généraux et des traités conventionnels de la France. *Le moyen* employé a été la substitution des droits *ad valorem* en droits spécifiques, et l'impossibilité d'une équitable conversion. Enfin, l'occasion déterminante, ce sont les procédés employés par le gouvernement, et plus spécialement par le Ministre du commerce, vis-à-vis des négociateurs anglais ; les tergiversations et l'absence de principes de ce Ministre, sa complaisance singulière et sa faiblesse impardonnable pour les réclamations injustes et abusives de ses amis les protectionnistes [2].

En admettant même que ce Ministre se crût le droit d'opter entre la filature et le tissage, de sacrifier l'une de ces industries à l'autre, nous nous demandons pourquoi il a pris sur lui de sacrifier le tissage à la filature, une industrie qui ne réclame que

[1] *Cours complet d'économie politique pratique*, par J.-B. Say, Quatrième partie, chap. XV.

[2] Un fait parfaitement connu, ce sont les relations intimes de M. Tirard avec MM. Feray, d'Essonnes, Méline et *tutti quanti* du camp protectionniste.

la liberté, l'entrée en franchise de ses matières premières pour lutter sur tous les marchés du monde, à une industrie souffreteuse, inhabile, qui ne peut marcher qu'à l'aide de béquilles ; se soutenir et prospérer qu'en prélevant de lourds tributs sur les consommateurs, qu'en exploitant l'ouvrier et le pauvre !

Car enfin, la région du tissage de la soie ne demande rien, Monsieur le Ministre, que la liberté ! Elle ne réclame aucune protection contre l'entrée des soieries étrangères, ni des cotons anglais. Elle ne demande pas que les consommateurs de ces produits les paient plus cher que le prix de revient normal; elle ne redoute pas la concurrence étrangère et fait cette simple réclamation : Pour que je puisse lutter sur les marchés étrangers, ne me garrottez pas; ne relevez pas le prix de ma matière première ! Et la mince industrie des filés de coton demande absolument le contraire ! il faut lui réserver le marché national ; il faut la protéger contre la concurrence anglaise ; il faut l'élever en serre chaude, sans quoi elle dépérit et meurt ! C'est donc bien une industrie artificielle et sans racines solides dans le pays !

D'après le compte fait par les Chambres de commerce de Lyon et de Saint-Etienne, l'industrie du tissage de la soie occupe environ 300,000 ouvriers [1]; elle exporte 226,745,282 fr., contre 38,033,321 de soieries importées, d'où un excédant de production dans cette branche du travail de 188,711,961 fr. [2].

L'industrie de la filature, concentrée dans de vas-

[1] En y comprenant Lyon, Saint-Etienne, Tarare, Saint-Pierre-lès-Calais, etc.

[2] Les chiffres donnés sont ceux de l'année 1879. *Annuaire statistique du Ministère du commerce.*

tes usines pourvues de forces mécaniques, ne fait vivre que quelques milliers d'ouvriers[1]. L'importation des fils de toute sorte s'élève à 67 millions, l'exportation atteint à peine 56 millions.

En prenant même les chiffres officiels en 1878, (lesquels sont certainement insuffisants), le nombre des établissements de filature du coton serait de 1,056 occupant 97,088 ouvriers, aidés par 39,162 chevaux-vapeur; tandis que la filature et le tissage de la soie comprendraient 2,495 établissements occupant 143,566 ouvriers, aidés seulement par 14,132 chevaux-vapeur. Donc, au seul point de vue national, du nombre des établissements, des ouvriers occupés, du *quantum* de la valeur produite, le simple bon sens, la plus claire équité indiquent que la balance et l'influence gouvernementale devaient pencher en faveur du tissage, plutôt que s'incliner vers la filature de coton.

Pourquoi n'en a-t-il pas été ainsi ? A quelles influences, à quels conseils, à quels mobiles a obéi M. le Ministre du commerce ? Il ne saurait nous appartenir de le scruter ; mais ce que nous pouvons affirmer, c'est que l'intérêt national commandait d'autres préférences et traçait une autre conduite. Ceci nous suggère une réflexion. Lorsqu'un système de politique économique aboutit à un tel résultat, de mettre entre les mains, à la disposition et à la discrétion d'un ou de quelques hommes sujets aux mêmes erreurs, aux mêmes faiblesses, aux mêmes passions que nous, la fortune, la situation, le bien-être, l'existence même de milliers d'êtres humains ;

[1] 24 filateurs et 5,000 ouvriers à Lille.

ce système, quel qu'il soit, est vicieux, erronné, injuste, condamnable. Un tel pouvoir est, de tous points, exorbitant, excessif et tyrannique. Tel est bien le cas de notre régime économique actuel.

C'est au régime encore pire du tarif *autonome*, du tarif *maximum* et *minimum*, que les protectionnistes voudraient nous ramener! ou plutôt, pour rentrer dans la réalité des faits et dans le vif de la situation actuelle, c'est au régime du tarif général des douanes, constitué sur le principe des droits spécifiques et majoré de 24 o/o, en vue d'abaissements possibles, mais supprimés par le fait, que MM. Fresneau, J. Denis, Buffet et Pouyer-Quertier ont tenté de nous réduire!

Ce tarif général du 7 mai 1881, pris dans sa teneur actuelle, comme loi autonome et unilatérale, c'est-à-dire accru de la majoration qui serait devenue ferme et définitive de 24 o/o, hérissé de droits spécifiques inapplicables en nombre de cas, exorbitants toujours, n'eût pas été simplement protectionniste, mais *prohibitif*.

C'est pour cela que l'état-major protectionniste a cherché à profiter de la rupture momentanée des négociations avec l'Angleterre, pour persuader au Sénat de ne traiter ni avec l'Italie, ni avec l'Espagne, la Belgique, etc. Oh! ils sont très-habiles, ces cotonniers; ce sont de remarquables artisans de ruines, quand ils savent qu'ils en profiteront!

Non pas, remarquez-le bien, que nous prétendions qu'il n'y ait rien de fondé dans leurs critiques! Le régime des traités de commerce est attaquable par plus d'un point. Ce système n'est pas notre idéal, et nous ne le soutenons qu'à titre de *moindre mal*. Nous pensons qu'au sortir d'un régime de *prohibi-*

*tion*, un régime de *protection modérée* est un progrès, comme nous croyons que le théisme mahométan a été un progrès sur le polythéisme idolâtre, et celui-ci un progrès sur le fétichisme primitif. Nous pensons que dans l'état actuel d'instabilité et de transformation des sociétés européennes, dans cet état de jalousie réciproque et de paix armée, plus funeste qu'une guerre déclarée, parce qu'il est plus persistant et pour ainsi dire chronique, il est salutaire que les débouchés de l'industrie et du commerce soient assurés; que des traités à longue échéance consolident le terrain mouvant des échanges et permettent d'y asseoir de vastes entreprises, d'autant plus utiles à tous, que des capitaux plus considérables y sont engagés et attelés à la production.

Nous nous lions, il est vrai, mais par la même convention, les autres sont liés; et ces conventions internationales solennelles sont publiquement discutées par tous les intéressés de l'une et de l'autre nation. Les exigences d'un peuple sont modérées par celles d'un autre, car si l'on demande pour tel article une protection exagérée, le co-contractant demandera également pour tel autre de ses produits une protection exorbitante. Ces prétentions contraires, égales et rivales, se neutralisent donc, se ressèrent et se limitent l'une par l'autre. Aussi, en général, on aboutit à un *modus vivendi* équitable, à un traité de paix et d'alliance honorable et acceptable de part et d'autre.

C'est bien pour ce motif, et non pour un autre, que les protectionnistes ont applaudi au vote de la loi unilatérale Tirard, vis-à-vis de l'Angleterre, et qu'ils auraient voulu l'application du tarif général unilatéral de l'Etat français à tous les produits des autres peuples.

MM. Buffet et Pouyer-Quertier ont beau s'exclamer : Mais vous vous liez les mains ! mais vous abdiquez votre liberté commerciale ! mais vos traités successifs font des concessions diverses, n'établissant pas sur les mêmes articles des droits homogènes ! les vins français paient 4 fr. à la douane italienne, les vins italiens ne paient que 3 fr. à la douane française et les vins espagnols ne paient que 2 fr. ! De plus, vous vous interdisez de demander à la douane, le cas échéant, les ressources dont le fisc peut avoir besoin, comme l'ont fait les Etats-Unis, qui par ce moyen ont amorti l'énorme dette qu'avait créé la guerre de la sécession !

Je répondrai toujours : Si nous nous interdisons cette ressource, nous l'interdisons également à nos co-contractants, au plus grand bénéfice des consommateurs ; si les droits varient dans les divers traités, ils sont homogénéisés, ramenés à l'unité la plus abaissée et la plus favorable par la clause de *la nation la plus favorisée*, qui est de style dans tous les protocoles commerciaux. Pensez-vous qu'il ne vaudrait pas mieux pour nos fabricants de soieries, que nous ayons un traité de commerce avec les Etats-Unis, que de voir cet immense débouché se resserrer de jour en jour par les droits de 60 o/o en moyenne que la douane américaine applique inexorablement à leurs produits ?

Tout contrat, toute convention sont une aliénation partielle, mais aussi un affermissement de la liberté. Les lois elles-mêmes restreignent la liberté, mais l'augmentent. C'est le sens de ce beau mot : *sub lege libertas.* Tout droit a pour corrélatif une obligation ;

toute convention est un système de concessions réciproques faites et obtenues, actives et passives.

La plupart des critiques de M. Fresneau s'appliquent très-justement à la loi du 23 février et à l'état de choses qu'elle a créé vis-à-vis de l'Angleterre. « L'industriel n'est plus seulement obligé, à l'heure où je parle, de tâcher de deviner ce que la multitude de pays particuliers, avec lesquels on traitera, a chance d'obtenir de la France ; il faut qu'il sache encore ce qui se passera dans l'esprit d'un chef de majorité, le jour où il conviendra à ce personnage de remanier de fond en comble ce qui a été si longuement et si péniblement discuté et voté par deux Chambres.

« *Instabilité chez nous, instabilité aussi relativement à ce qui se passera en Angleterre.* Vous croyez savoir, Messieurs, que ce grand pays persévérera dans ses idées de libre-échange, qu'il sera toujours dans le courant d'idées où vous l'avez vu depuis quelques années. Pour moi, je n'en suis pas du tout certain. Je remarque que toutes les grandes questions en Angleterre ont été soulevées par un parti, et résolues par un autre : l'émancipation des catholiques, le bill sur l'esclavage, la réforme électorale, la réforme de la législation sur les céréales, etc.

« Messieurs, je vous demande de ne pas voter le traité italien. Ce serait un acte de haute conservation que vous auriez fait, car vous auriez gardé, sans l'aliéner imprudemment, cette liberté d'action que l'état de vos finances vous rend absolument indispensable.

« A mon humble avis, nous verrons diparaître les traités de commerce qui *ne favorisent personne si l'on ne favorise tout le monde*, et qui, *s'ils favorisent quelqu'un, blessent ceux qu'on ne favorise pas*. Soyez conséquents ou protégez tout le monde, ou affranchissez tout le monde... » sans oublier le consommateur, ajouterons-nous.

M. Buffet, dont la discussion est plus serrée, est opposé aux traités de commerce :

1° A raison de l'intérêt fiscal que présentent les droits protecteurs, et qui peut, dans certains cas, être un intérêt de premier ordre.

2° Parce que la juste mesure de la protection peut varier. « Vous voulez vous tenir dans la juste mesure, c'est très-bien ; mais la juste mesure d'aujourd'hui sera-t-elle la juste mesure de demain, dans un an, dans deux ans, dans cinq ans ? vous n'en savez rien ? Si l'Italie ou tout autre pays n'a pas de traité avec l'Angleterre et qu'elle en fasse un demain, votre situation n'est-elle pas changée, et que devient cette stabilité absolue que vous poursuivez en aliénant votre propre liberté ? » Puis, l'orateur conclut en disant : « Que même avec le régime des traités, si l'on ne veut pas marcher au hasard et comme à tâtons, la première chose à faire ce serait un *tarif minimum* qui ne serait pas une œuvre bien longue. »

3° M. Buffet termine en disant « qu'il sait très bien qu'il se place aussi au point de vue protectionniste, au point de vue d'un système qui est sans doute l'objet d'un très-grand dédain de la part d'un certain nombre de ses collègues, et qui a aussi des adversaires non moins décidés en dehors de cette enceinte. Il reconnaît que la cause de la protection a été souvent mal défendue par des raisons dont la valeur était plus que contestable ; entr'autres, celle-ci : que la richesse était proportionnée à la somme de travail qu'exigeait sa création, et que dès lors une production obtenue dans des conditions moins favorables, absorbant plus de travail, contribuait d'autant plus efficacement à la prospérité d'un pays.

« Il reconnaît que la thèse des économistes qui soutiennent que le développement de la richesse est d'autant plus rapide que les divers produits sont obtenus dans les conditions les plus favorables, c'est-à-dire aux moindres frais possibles, *est d'une évidence indiscutable ;* mais il y oppose le point de vue du travail national qu'il faut retenir sur notre sol, non pas par contrainte, mais en faisant aux capitaux et aux enfants du pays, des conditions qui ne soient pas trop mauvaises. »

Nous ne voulons pas rentrer dans une discussion épuisée et qui serait interminable. Nous concédons à M. Buffet que les traités de commerce peuvent avoir de très-grands inconvénients, mais qu'ils sont moindres encore que ceux de l'incertitude et d'une instabilité menaçante, parce qu'elle est livrée à tous les hasards. Ils ne créent qu'une stabilité relative, mais c'est déjà bien quelque chose.

Quant à la thèse du travail national à protéger, nous ne ferons ici qu'une réponse : c'est précisément en facilitant l'accès du territoire à tous les produits fabriqués ou matières premières venant de l'étranger, que vous favorisez le travail national. S'il est incontestable que les produits s'échangent contre des produits, il suit que le travail national sera encouragé juste dans la mesure où les produits étrangers viendront acheter les nôtres. Autant d'achats, autant d'excitations et de gains pour le travail indigène. Il en sera de même pour nos produits importés en Angleterre, car les négociants français, aussi bien que les anglais, cherchent à se procurer les retours les plus avantageux ; d'où bénéfice pour tous deux.

De plus, le travail national sera ainsi poussé dans sa direction normale ; il se portera de préférence sur les produits que la nature ou la configuration du sol et du sous-sol, le génie des habitants, permettent de fabriquer avec le plus d'avantage. Nous n'assisterons point ainsi à ces incessantes et désolantes perturbations industrielles, qui résultent de la fermeture de certains débouchés, de l'état artificiel et précaire de certaines industries qui, implantées arbitrairement sur un sol et dans des conditions qui leur sont contraires, ne se soutiennent qu'à force de soins, de peines, de fausses directions et de déperditions de capitaux.

Mais, nous tenons à le répéter, les traités de commerce et de navigation, ne sont qu'un *pis aller*, un mal nécessaire, loin d'être le type des relations internationales en matière d'échange.

Voici comment M. Tirard répond à ces diverses critiques : « J'ai hâte de le dire ; pour moi, les traités de commerce ne sont pas un idéal. J'en reconnais tous les inconvénients, j'en reconnais aussi tous les avantages, et tant que nous vivrons sous le système de protection qui prévaut encore aujourd'hui, tant que nous hésiterons à entrer dans une voie absolument dégagée de toute immixtion gouvernementale et même parlementaire dans les affaires particulières, dans les affaires de commerce, je dis qu'il est absolument indispensable de donner au commerce et à l'industrie la sécurité qui ne leur sera pas garantie, tant qu'ils seront, tous les jours, sous le coup d'une modification possible de votre tarif général. »

Voilà la vérité économique. Ces traités de commerce sont un minimum de protection, mais aussi par la réduction des droits, un pas vers la liberté du commerce; ils consolident le terrain des échanges, et assurent à l'industrie et au commerce, une stabilité indispensable à toute entreprise de longue haleine, à toute concentration de capitaux, en vue d'une production améliorée. Le plus ou moins d'étendue et de ressources du marché sont, en effet, déterminées par la certitude et la facilité des débouchés, par la fixité des tarifs de douanes.

Quand l'industrie et le commerce, incertains du lendemain, ignorant si leurs matières premières ne seront pas chargées, à l'entrée en France, de droits élevés qui, rehaussant le prix de revient du produit, rendront impossible toute exportation à l'étranger; incertains si l'étranger dont nous avons taxé le produit, usant de justes représailles, ne taxera pas à son tour le produit français à son entrée sur son territoire; quand le commerce et l'industrie en sont réduits à cet état précaire de ne pas savoir si les marchés anglais ou allemands ne leur seront pas fermés demain, comme le marché des Etats-Unis, par des droits prohibitifs de 30, 40, 50 %, comment pourraient-ils escompter l'avenir, immobiliser dans de vastes entreprises de gros capitaux, nécessaires à l'acquisition d'un outillage perfectionné, indispensables pour atteler à la production la plus grande part possible de forces naturelles et gratuites?

« Il est absolument indispensable, ajoute M. le Ministre, de donner au commerce, qui l'attend depuis si longtemps, la sécurité qu'il est nécessaire de lui assurer et que vous lui donnerez par les traités de commerce, quoi que vous en disiez. S'il peut se faire, par hasard, que des traités nouveaux introduisent quelques modifications au régime de l'entrée des marchandises étrangères en France, vous avez au moins, d'un autre côté, la sécurité, la garantie que les tarifs étrangers ne seront pas augmentés; vous aurez aussi l'avantage de profiter des abaissements de tarifs des autres puissances.

« Car si M. Buffet a fortement insisté, sur les inconvénients de la clause par suite de laquelle telle puissance profitera, sans nouvelle concession, des faveurs que nous accorderons à telle autre, il n'a pas parlé des avantages dont nous jouirons, alors que d'autres puissances, avec lesquelles nous aurons contracté, viendront à traiter entre elles ? Est-ce que la France, par exemple, ne jouit pas des stipulations du traité austro-italien ? De même, il est possible qu'un jour ou l'autre, l'Allemagne arrive à conclure avec l'Autriche-Hongrie, ou avec toute autre puissance, un traité de commerce dont la France bénéficiera.

« Je disais donc que c'est là un *système transitoire* et que nous devons l'employer, parce que c'est le seul système qui puisse donner des garanties de stabilité à notre pays. Et permettez-moi, Messieurs, d'abriter mes paroles derrière une autorité considérable dans cette Chambre et dont le langage vous expliquera, bien mieux que je ne puis le faire moi-même, quelle est cette situation à laquelle je fais allusion. Voici un passage que j'emprunte au rapporteur général de l'Exposition universelle de 1878. J'ai nommé M. Jules Simon :

« L'Exposition universelle de 1851 et les traités « de commerce de 1860 ont mis fin à la guerre in« dustrielle et commerciale que se faisaient les peu-

« ples par le moyen de la prohibition et de la pro-
« tection. On peut encore discuter et voter des tarifs
« de douane, mais on ne pourra plus les faire durer.
« Ils ne serviront tout au plus qu'à faciliter la tran-
« sition entre un régime qui n'est plus et la liberté
« définitive du travail. »

« Messieurs, je n'aurais pas dit aussi bien ; l'honorable M. Jules Simon a exprimé là une idée que je partage depuis longtemps. Oui, le tarif protecteur des douanes établit une transition ; c'est un moment pendant lequel les industriels doivent se préparer à une lutte absolument égale. En attendant, on leur donne le bénéfice d'un tarif modéré ; on leur donne encore la possibilité de se garantir contre les tarifs excessifs de l'étranger par des traités de commerce.

« Je crois que ce serait rendre un mauvais service à notre industrie, à notre agriculture, à notre commerce que de ne pas les laisser vivre pendant un temps déterminé, avec les bénéfices de ces traités qui sont soumis à votre approbation. » (Très-bien ! très-bien ! et applaudissements sur un grand nombre de bancs à gauche [1].)

Nous avons tenu à citer longuement ces remarquables paroles. C'est une si rare bonne fortune d'entendre un ministre du commerce tenir dans une tribune française un langage aussi élevé, aussi conforme aux données de la science économique, que nous en faisons à M. Tirard nos publics remercîments.

Mais, involontairement, on se demande comment, armé de tels principes, il n'a pas été plus ferme, plus décidé, soit dans la discussion du tarif des douanes,

[1] Séance du Sénat du jeudi 30 mars. — *Journal officiel du 31 mars 1882.*

soit dans les négociations avec l'Angleterre. Il est excellent d'avoir des principes, mais à condition d'en user quelquefois.

Comment la science économique apprécie-t-elle le régime des traités de commerce ?

Au point de vue théorique de la science pure, la liberté complète des échanges, entre nations comme entre individus, villes ou provinces ; ou comme le dit Michel Chevalier, *la solidarité industrielle et commerciale de tous les peuples, pour la meilleure satisfaction des besoins de tous et de chacun*, tel est l'idéal auquel il faut tendre, la limite abstraite, dont par la force des choses et le cours même de la civilisation, les peuples se rapprochent sans cesse, sans peut-être pouvoir y atteindre jamais.

L'échange est un droit naturel, comme la propriété. Chaque homme a droit à tirer le meilleur parti possible de son travail, de ses capitaux, de ses revenus. Le droit de propriété dans son essence, le *jus utendi et abutendi*, n'est pas autre chose ; l'homme n'a d'autre propriété originaire que celle de ses organes et de ses facultés ; c'est ce qu'on nomme la *personnalité humaine ;* puis il a un droit exclusif à l'usage de la portion de matière à laquelle, par l'action de ses facultés et de ses organes, il a communiqué des propriétés ou modifications utiles, imprimé une façon d'être qui la rend propre à satisfaire certains besoins. Sa personnalité s'est, pour ainsi dire, incorporée par l'effort et la peine, dans cette matière. Le droit d'échanger, n'est que le droit de disposer de sa chose, de la manière que l'on juge la plus avantageuse. C'est la définition même du Code civil : La propriété est le droit de jouir et de *disposer* des choses de la manière la plus absolue, etc.

Les économistes eux-mêmes, les grands esprits tempérés qui ont fondé la science de la richesse, sont loin de conseiller l'établissement immédiat du libre-échange absolu. Le retour brusque d'un état de choses défectueux et injuste, à un ordre de relations fondées sur la nature, peut aussi avoir ses inconvénients. La suppression totale et immédiate de cette colossale iniquité de l'esclavage, pierre angulaire de la cité antique, eût causé une perturbation, des secousses, peut-être des désastres, dans lesquels se fût abîmée la société. Il a fallu la conquête, la transition du servage, puis l'éducation des corporations et maîtrises, l'émancipation des communes, avant que la race latine, abâtardie et faussée par cette détestable institution, pût être redressée, régénérée et atteindre au port envié de la liberté civile et politique.

« Les relations commerciales entre les nations, dit J.-B. Say, se sont établies et ont acquis de la consistance sous l'empire d'une législation vicieuse, semblables à ces arbres qui ont pris leur croissance au milieu des anfractuosités d'un roc ou d'un mur et qui ont vieilli avec leur difformité. On les ferait mourir en voulant les redresser. Nous sommes entrés, nous nous sommes avancés dans de fausses routes, déterminés par la politique et la législation du temps. Cette législation ne pourrait être changée subitement sans froisser beaucoup d'intérêts...

« Le législateur ne peut traiter avec légèreté de pareils intérêts et s'il adopte une législation plus conforme à la prospérité générale et aux lumières de notre époque, ce ne doit être qu'avec réserve, *en suivant des gradations et en appelant le temps à son secours*. Ne considérez donc pas les conseils qui naissent d'une économie politique mieux connue comme des indications pressantes et qu'on ne saurait suivre trop entièrement et trop tôt. Regardez-les plutôt comme des préservatifs, contre de nouvelles fausses mesures, confirmatrices de celles dont nous souffrons déjà. L'essentiel est de savoir en quoi consiste le bien ; une fois que l'on connaît ses vrais intérêts, on y arrive toujours avec le temps ; il se présente des circonstances où l'on peut, sans beaucoup d'inconvénients, changer quelque chose à une législation que l'on sait être fâcheuse et, pourvu qu'on ne laisse échapper aucune occasion de réformer une mauvaise loi, ou d'en introduire une meilleure, on finit enfin par être régi par les lumières du siècle, au lieu de l'être par les préjugés des siècles passés. Celui qui possède un jardin rempli de grands arbres, mal plantés, s'il les coupe tous à la fois, demeure privé d'ombrage; mais si, petit à petit, il remplace une plantation ancienne par une autre mieux entendue, il finit par avoir une superbe habitation, sans avoir commencé par se mettre au milieu du désert [1]. »

Ces déclarations, si pleines de sens et de modération, peuvent servir à rassurer les timides, à enhardir les indécis et nous permettent de proclamer hautement la vérité économique sur les traités de commerce.

Le meilleur de tous devrait se composer de trois courts articles :

ARTICLE 1er. — « Les puissances contractantes s'engagent à ne mettre aucuns droits quelconques de douane, prohibitifs ou protecteurs, compensateurs ou fiscaux, sur les produits importés d'un pays dans

[1] *Cours d'économie politique pratique*, quatrième partie, chap. 16. — *Des précautions qu'il faut avoir avant d'ôter les prohibitions.*

l'autre. Ces produits, acquérant le bénéfice de la nationalisation par le seul fait de leur entrée sur le territoire, n'acquitteront d'autres droits que ceux payés par les produits similaires dans leur circulation à l'intérieur.

Art. 2. — En conséquence, la douane est supprimée ; les bureaux frontières sont tous fermés. Il sera pourvu au sort des employés, soit par liquidation de retraites, soit par versement dans la gendarmerie, dans le personnel des octrois ou celui des contributions indirectes.

Art. 3. — Toutes dispositions contraires des lois ou traités antérieurs sont et demeurent expressément abrogées. Les parties contractantes s'engagent à ne jamais déroger, en quoi que ce soit, à la présente convention, et à en poursuivre l'adoption dans la mesure du possible, par tous les autres peuples. Toute atteinte à cette convention, tout établissement, même par voie indirecte, d'un droit à l'entrée, quelque minime qu'en soit le taux, sera considéré *ipso facto* comme un *casus belli* et équivaudra à une déclaration de guerre. »

Mais nous doutons fort que ce projet soit de longtemps encore adopté et qu'une nation du continent ait la sagesse d'imiter l'exemple si concluant de l'Angleterre. Un vent de protection souffle en ce moment sur la vieille Europe, ravivant tous les égoïsmes, fortifiant les préjugés nationaux, ressuscitant des haines éteintes, faussant la direction du travail et l'emploi des capitaux, préparant les ruines industrielles, les malentendus et les guerres pour un prochain avenir. Pour nous, depuis quinze ans, à travers les péripéties d'une existence agitée, nous enseignons l'économie politique, cet évangile de paix et de fraternité industrielle ; nous essayons de faire pénétrer la lumière dans les masses profondes des producteurs de toute catégorie, de dissiper les préjugés obstinés, qui arment les unes contre les autres les diverses couches de travailleurs. Souvent défaite, et toujours reprise, notre toile de Pénélope n'avance guère ; mais nous sommes de ceux qui ne savent désespérer, ni de l'expérience, ni du progrès, ni de la liberté !

— A quoi bon des traités de commerce, si chaque nation ou chaque gouvernement, plus éclairés que leurs nationaux, ne s'imaginaient qu'ils se font tort à eux-mêmes en admettant les produits du dehors ? « Ils croient perdre par les importations, dit Say, tandis que les importations leur procurent nécessairement des exportations et au total, un accroissement d'industrie. La seule bonne politique, économiquement parlant, consiste à faciliter de tout son pouvoir les communications commerciales, quelles qu'elles soient, pourvu qu'elles soient compatibles avec la sûreté de l'Etat et les autres vues qu'un gouvernement peut avoir. De deux nations, la plus sage et la plus éclairée doit dire à l'autre : « Vous voulez m'apporter des marchandises et vous ne voulez pas que j'en porte chez vous. J'y consens parce qu'une communication imparfaite, vaut mieux encore pour moi que l'absence de toute communication. Lorsque vous serez plus éclairée, vous admettrez nos marchands, de même que nous admettons les vôtres et vous vous en trouverez beaucoup mieux.

« Il est probable que ce langage amènerait une communication entière, beaucoup mieux que ces longues stipulations, qui respirent toujours plus ou moins des sentiments et des conditions hostiles, comme des capitulations de guerre. »

« Je suppose qu'un gouvernement dise à toutes les nations étrangères : « Vous apporterez chez nous toutes les marchandises que vous voudrez en acquittant des droits d'entrée proportionnés à toutes nos autres contributions publiques. Le blé (au moyen de la contribution foncière), les objets de fabrique paient leur impôt ; les produits du commerce étranger doivent payer le leur aussi bien que ceux des autres industries ; mais cet impôt, résultat d'une mesure générale, n'est point combiné pour procurer un privilége aux produits intérieurs ; il ne va qu'au point de ne pas accorder aux produits du dehors un affranchissement que les premiers n'ont point. Soumettez-vous à cette loi commune aux producteurs de tous les produits qui se consomment dans notre pays.

« Si, dis-je, un gouvernement tenait ce langage indifféremment à toutes les nations amies ou ennemies, je crois qu'il obtiendrait d'elles, mieux que par tout autre procédé, un allégement de droits sur l'introduction chez elles de ses marchandises nationales. »

C'est précisément le cas de l'Angleterre qui, éclairée par les magnifiques démonstrations d'Adam Smith, et par l'agitation pour la réforme des lois-céréales, a trouvé en sir Robert Peel un grand ministre, véritable homme d'Etat, lequel n'a pas craint de démentir ses débuts, d'adorer publiquement ce qu'il avait brûlé, et de réaliser de ses propres mains, au pouvoir, les principes de la Ligue qu'il avait jusqu'alors obstinément combattus. L'Angleterre ouvre librement ses ports et son territoire à tous les produits étrangers, ne leur imposant d'autres droits d'entrée, que ceux que supportent ses propres produits à l'intérieur ; aussi sa prospérité et sa richesse se sont-elles élevées à un degré inouï. Bien que l'Angleterre produise peu de blé, Londres, depuis la réforme des lois-céréales, est devenu le premier marché de blé d'Europe, et l'Angleterre la première nation industrielle et commerciale du monde entier.

C'est ainsi que l'égoïsme des producteurs, l'égoïsme national et la jalousie des peuples appauvrissent les sources de la richesse et du bien-être, en restreignant les échanges, en rehaussant artificiellement le prix des produits, en empêchant la libre communication et la libre jouissance des dons de Dieu, des avantages naturels ou acquis, par tous les membres de la grande famille humaine. Béranger a magnifiquement raison, quand il fait dire à son *Contrebandier* :

> Pour qu'au loin il abreuve
> Le sol et l'habitant,
> Le bon Dieu crée un fleuve :
> Ils en font un étang!

Le 10 mai 1846, Bastiat faisait, au nom de l'Association pour la *liberté des échanges*, cette fière et nette déclaration :

« L'*échange* est un droit naturel comme la *propriété*. Tout citoyen qui a créé ou acquis un produit, doit avoir l'option ou de l'appliquer immédiatement à son usage, ou de le céder à quiconque, sur la surface du globe, consent à lui donner en échange l'objet de ses désirs. Le priver de cette faculté, quand il n'en fait aucun usage contraire à l'ordre public et aux bonnes mœurs, et uniquement pour satisfaire la convenance d'un autre citoyen, c'est légitimer une spoliation, c'est blesser la loi de justice. . . . .

« C'est encore violer les conditions de l'ordre; car quel ordre peut exister au sein d'une société, où chaque industrie, aidée en cela par la loi et la force publique, cherche ses succès dans l'oppression de toutes les autres.

« C'est méconnaître la pensée providentielle qui préside aux destinées humaines, manifestée par l'infinie variété des climats, des saisons, des forces naturelles et des aptitudes; biens que Dieu n'a si inégalement répartis entre les hommes que pour les unir par les liens d'une universelle fraternité.

« C'est contrarier le développement de la prospérité publique, puisque celui qui n'est pas libre d'*échanger*, ne l'est pas de choisir son travail et se voit contraint de donner une fausse direction à ses efforts, à ses facultés, à ses capitaux et aux agents que la nature avait mis à sa disposition.

« Enfin, c'est compromettre la paix entre les peuples, car c'est briser les relations qui les unissent et qui rendent les guerres impossibles, à force de les rendre onéreuses. »

Voilà posée et résumée de main de maître toute la question de la liberté des échanges ou de l'*universelle concurrence*.

## IV

Nous voudrions, en terminant cet opuscule, dire quelques mots, de deux erreurs ou préjugés économiques, qui obscurcissent l'esprit d'un grand nombre de nos compatriotes, à l'endroit de la liberté commerciale.

Ce sont : 1° Le préjugé de l'*intérêt national*, qui se subdivise en deux branches : intérêt du *travail national* en temps de paix ; intérêt de la *sécurité nationale* en temps de guerre.

2° Le préjugé de la *balance du commerce*, et les inductions tirées du tableau comparatif des importations et des exportations.

Ce sont les deux préjugés qu'exploitent le plus volontiers les protectionnistes ; qu'ils ont essayé de faire prévaloir devant le Sénat et qui ont recruté cent défenseurs dans la Chambre haute. — On peut formuler ainsi le *sophisme de l'intérêt national :*

Certaines nations sont mieux placées que nous pour confectionner certains produits ; ainsi, grâce à la perfection de son outillage, à certains avantages naturels, aux mœurs, habitudes et traditions de ses ouvriers, l'Angleterre produit à meilleur marché que nous, les filés de coton, les fontes, fers et aciers, les machines, etc. Si donc nous ouvrons sans restriction notre marché national à ces produits, il est clair que la consommation délaissera les nôtres, que nos usines périclitéront, que nos capitaux engagés seront compromis, que les populations ouvrières que nous faisons vivre seront réduites à la misère et condamnées à l'émigration. Il y aura là une cause certaine de diminution du travail national, de disparition de certains profits ou salaires, d'appauvrissement final du pays.

De plus, dans un moment de guerre avec l'Angleterre, nous nous exposons à nous trouver désarmés, à manquer du fer nécessaire pour nos engins de lutte ou à être obligés de nous les procurer à des prix très-onéreux. Il nous faut du fer et de l'acier français, pour nos fusils, nos canons, nos obus, nos plaques de blindage !

Eh bien ! ce sophisme, car c'en est un, ne résiste pas au plus léger examen économique ! S'il est vrai que toujours, en toute circonstance, *une nation n'exporte jamais que ses propres produits ou des choses qu'elle ne peut acquérir qu'avec ses produits* ; si, d'autre part, elle *n'importe* jamais que les matières premières ou produits fabriqués qui conviennent le mieux à ses intérêts, dont elle a besoin, et qu'elle ne peut se procurer d'une façon plus avantageuse, que signifie cette crainte de voir l'Angleterre nous approvisionner de filés ou même d'étoffes de coton ?

Nous serons mieux servis, voilà tout ; nous aurons ces produits ou à meilleur marché ou de préférable qualité. Nos revenus seront plus abondants, puisque payant moins cher le produit dont nous usons, le surplus reste dans notre bourse et peut être consacré à satisfaire d'autres besoins. L'argent épargné est le premier gagné, dit la sagesse des nations [1].

« [1] On nous parle sans cesse de protection du *travail national*; entendons-nous.

« Il semble que par travail national on devrait désigner le travail conforme au génie des habitants et aux conditions du sol. On veut parler sans doute du travail le plus productif, de celui qui, avec une moindre dépense de forces, procure les plus grands résultats ; il devrait être appelé le travail national par excellence. Non, on a changé tout cela, comme Sganarelle ; on nous convie à regarder surtout comme travail national celui qui doit coûter plus cher pour produire moins, celui pour lequel nous avons besoin de protection, afin d'empêcher que les objets, créés à meilleur compte à l'étranger, ne pénètrent sur notre marché. Ce droit de douane ne fait rien pour changer les conditions de la fabrication ; il change seulement les conditions de prix : on nous fait payer plus cher ce que nous pourrions acheter à meilleur compte ; nous nous mettons nous-mêmes à l'amende en appliquant le principe de la protection. » — *La liberté commerciale et ses résultats*, par Wolowski.

Mais, dit-on, les manufactures de coton du Nord vont se trouver ruinées ; elles devront arrêter leur fabrication, renvoyer leurs ouvriers et liquider une situation qui ne donnera que des pertes. Voilà des ouvriers affamés ; voilà du travail en moins pour nos nationaux !

Vous avez raison, si nous prétendions, qu'en fait, le gouvernement doit et va décréter dans les vingt-quatre heures, le libre-échange absolu.

Soyez tranquilles, nous n'en sommes pas là et ne demandons pas cet extrême ; nous professons et proclamons des principes, trop certains que dans la complexité des faits sociaux, ils ne seront jamais peut-être appliqués dans toute leur rigueur. Nous disons simplement : Les traités de commerce de 1860 et les abaissements de droits qu'ils ont réalisés, constituent une vaste, suffisante et satisfaisante expérience. Stimulés par la concurrence, vous vous êtes haussés à la hauteur de vos rivaux ; vous avez renouvelé votre outillage, perfectionné vos méthodes, diminué vos prix de revient, et le commerce français, la prospérité nationale en ont reçu une magnifique impulsion.

Eh bien ! sous l'*absurde* prétexte de *droits spécifiques*, ne revenons pas en arrière ! Les tarifs de 1860 ont été un premier pas dans la voie des réductions successives des droits de douane. On vous a prévenus que ce premier pas serait suivi d'un second, que les tarifs seraient encore abaissés. Sommes-nous donc bien exigeants quand nous demandons avec les Anglais, que les droits de 1860 ne soient pas rehaussés ; que l'on conclue de nouveaux traités de commerce sur la base des anciens tarifs conventionnels ? alors que tous les modes de fabrication se sont perfectionnés ; que le prix de revient de tous les produits s'est considérablement abaissé ; que, par suite, les droits de 1860 se trouvent relevés d'autant ?

Nous pourrions certes en citer de curieux exemples, notamment pour l'industrie métallurgique ; mais ces faits, connus de tous, allongeraient inutilement ce travail déjà trop étendu.

Quant à cette objection que les produits anglais pourraient arriver à se substituer entièrement aux nôtres ; à exproprier, pour ainsi dire, le travail indigène, elle est simplement chimérique. Est-ce que par hasard les Anglais donnent leurs produits pour rien ? Et avec quoi les payons-nous ? Avec nos produits ou avec l'argent que nous nous sommes procuré en les vendant. Il est donc à supposer que les Anglais ne nous enverront leurs produits qu'autant que nous serons en mesure de les payer, de leur donner quelque chose en échange. Ce quelque chose, c'est le travail national, ce sont les marchandises provenant de notre sol ou de notre industrie. Si nous ne produisions rien, ils ne nous céderaient rien, car nous n'aurions rien à échanger. L'on peut être certain que du jour où le travail s'arrêtera en France, ce jour-là aussi s'arrêtera cette bienheureuse et féconde *invasion* des marchandises anglaises. On craint l'envahissement des produits anglais ! Mais, en vérité, c'est craindre l'invasion du bien-être, la facile satisfaction des besoins, l'accroissement par la moindre dépense du revenu de chacun ! C'est par crainte du *mieux*, se cramponner au *moins*, et préférer la gêne à l'abondance !

J.-B. Say réfutait déjà au commencement du siècle ces prétendus arguments en faveur du système prohibitif. « On craint quelquefois que l'étranger, favorisé par une situation plus favorable ou par l'intérêt de l'argent, plus bas chez lui que chez nous, ne parvienne à obtenir la préférence, successivement pour chaque article et ne finisse par produire tout ce qui nous est nécessaire. Mais si nous ne pouvons payer l'étranger qu'avec nos produits, craindre qu'il ne finisse par tout produire, *c'est craindre qu'il ne nous approvisionne de tout gratuitement ;* car comme nous ne produisons pas d'argent, à moins de nous approvisionner gratuitement, il faut qu'il reçoive nos produits en échange des siens.

« Si l'étranger jouit de certains avantages que nous n'avons pas, comme le bas intérêt de l'argent, c'est pour nous une raison de plus de lui acheter ses produits ; car c'est un moyen pour nous de participer aux avantages dont il jouit, de même que nous participons par le commerce aux avantages d'un climat plus chaud que le nôtre. »

Mais, dit-on, nous ne devons pas tomber dans la dépendance de l'étranger, pour ce qui concerne notre armement et notre défense. Il nous faut une industrie métallurgique puissante, et une industrie armurière, pour faire les canons, bombes, boulets, fusils, plaques de blindage, nécessaires à l'armée, aux places fortes, aux ports et à la défense des côtes !

Nous ne pouvons être désarmés en face de l'ennemi, et c'est ce qui nous arriverait inévitablement, si nous ne protégions par des droits élevés, notre industrie métallurgique contre sa puissante rivale d'outre-Manche.

A cet argument, tiré de la *Défense nationale*, nous opposons cette réponse précise, empruntée à M. Wolowski :

« Combien faut-il de fer pour armer un million de

soldats et pour les armer jusqu'aux dents ? Un fusil de munition avec sa baïonnette, pèse 4 kilog. (bois non compris) ; un *revolver* à huit coups, solidement établi, ne demande pas un kilogramme de fer ; les briquets, les sabres, les pistolets, etc., ne sont pas plus exigeants et en estimant en moyenne à 10 kil. de fer l'armement du soldat, nous tenons compte des réserves nécessaires et nous ne courons qu'un danger, celui de gêner les mouvements en faisant porter une charge trop lourde. Or, 10 kilog. de fer par homme, donnent pour une armée d'un million, dix millions de kilogrammes, c'est-à-dire 10,000 tonnes. Ajoutez-y ce que demande l'artillerie, en comptant une batterie de 6 pièces par mille hommes, et un approvisionnement de 400 projectiles par pièce ; ajoutez-y le fer nécessaire pour les voitures et les chevaux, vous arriverez à peine à doubler cette quotité. Portons le chiffre à 30,000 tonnes ; ce sera énorme, invraisemblable, au moins nous aurons l'avantage d'être guéris de la peur.

« Quand la production du fer en France se bornait à un total fort restreint, on aurait compris quelque appréhension de ce côté, et cependant, dans les grandes guerres de la République et de l'Empire, on n'a pas plus manqué de fer qu'on n'a manqué de soldats [1] »

Or, en 1878, la production totale de la France, en fonte, fers et aciers, s'est élevée à 420,315,600 quintaux métriques ou plus de 42 *millions* de tonnes ! De plus, les usines métallurgiques ont des approvisionnements énormes en charbons et minerais.

[1] Wolowski, la *Liberté commerciale et les résultats du traité de 1860.* — Guillaumin, 1869.

Si l'on considère que dans les temps modernes, le guerres sont à la fois très-meurtrières et très-courtes ; que la guerre franco-prussienne en 1870, a duré à peine 7 mois ; que lorsque la guerre éclate, l'armement est au complet ; il est trop clair que cette crainte d'être privés du fer nécessaire à l'armement ou à la défense nationale est absolument chimérique. C'est un sophisme exploité par les protectionnistes, non une raison invoquée par les gens sérieux.

Trop souvent on considère les prohibitions ou les droits protecteurs comme des *représailles*. C'est même sur cette donnée que s'appuient en partie les défenseurs des tarifs à l'entrée. Ç'a été la raison invoquée par le Ministre du commerce pour demander une majoration de 24 o/o sur les tarifs conventionnels. « La France ne saurait prudemment désarmer ses négociateurs en accordant spontanément le bénéfice du tarif conventionnel aux nations qui ne la payeraient pas de réciprocité, qui feraient leur marché moins accessible aux produits de ses manufactures et de son agriculture[1]. » Ainsi, ne faire de concessions qu'aux nations qui nous en font ; obtenir une réciprocité de tarification ; répondre à des droits élevés par des droits aussi élevés, sous prétexte qu'accorder des avantages et n'en point recevoir en retour serait une duperie ; telle est la pensée dominante de nos législateurs de tout degré. C'est la base essentielle et la donnée générale du système protecteur. C'est le sophisme de la *réciprocité*.

Il est parfaitement vrai que la sentimentalité, le dévouement, le sacrifice, ne doivent pas, en général,

[1] *Exposé des motifs du projet de loi relatif au tarif général des douanes*, par M. Tesserenc de Bort, p. 67.

trouver place dans les transactions internationales; que ce serait une duperie d'accorder des avantages sans en recevoir. Mais s'il est vrai et démontré « qu'en recevant des produits étrangers et en les consommant on n'impose point de sacrifice à son pays, et que ce sont toujours, en définitive, des produits de son pays que l'on consomme; » où est la sentimentalité, où est la duperie ? Qui donc trompe-t-on ici ? Bien plus, c'est la nation acheteuse qui gagne à cet achat, parce qu'il constitue pour elle, une manière de se procurer les mêmes objets de consommation, en donnant pour les avoir, moins de services productifs, que si elle les produisait elle-même.

En conséquence, dit J.-B. Say, cet argument doit se traduire ainsi : « Lorsqu'une nation étrangère met des obstacles à l'introduction chez elle, des produits de notre industrie, elle nous fait un tort réel; en conséquence, il convient que nous nous en fassions un autre, en mettant des obstacles à l'introduction de ses produits chez nous. »

De tout ce qui précède, il résulte, Messieurs les cotonniers et protectionnistes, que cette fameuse *balance du commerce* sur laquelle vous vous appuyez sans cesse, dont vous jouez si habilement, est un leurre, un trompe-l'œil, un grossier préjugé. Les tableaux des importations et des exportations, dressés par la douane, et dont les chiffres plus ou moins habilement groupés, servent à étayer les paradoxes les plus étranges ou les arguments les plus contradictoires, n'ont aucune valeur sérieuse au point de vue scientifique.

M. Gustave Denis, un autre protectionniste émérite, a soutenu devant le Sénat (Séance du 28 mars 1882) : « que le plus souvent le chiffre même de la balance officielle du commerce, représente la somme dont le pays s'est enrichi ou s'est appauvri suivant que le solde est favorable ou contraire. »

Pour prouver cette conclusion, M. Denis s'appuie sur un raisonnement de la Chambre de commerce de Bordeaux tiré, dit-il, de Bastiat, raisonnement qu'il expose incomplètement, qu'il essaye de réfuter, et dont il ne fait que montrer la force, par son impuissance même à le détruire.

Voici ce raisonnement pris, non de la Chambre de commerce de Bordeaux, mais de Bastiat lui-même. Ce sera notre avant-dernière citation ; mais, elle constitue une réfutation trop nette pour être omise.

Bastiat réfute un certain M. Lestiboudois, un protectionniste de ce temps-là, qui avait dit à la Chambre : La France importe 200 millions de plus qu'elle n'exporte, donc la France perd 200 millions. Et le remède ? C'est d'empêcher les importations.

« Il me semble que, s'il y a quelque chose en ce monde qui ait une autorité pratique, quand il s'agit de constater des pertes et des profits, c'est la comptabilité commerciale. Apparemment tous les négociants de la terre, ne s'entendent pas depuis des siècles pour tenir leurs livres, de telle façon qu'ils leur présentent les bénéfices comme des pertes et les pertes comme des bénéfices. En vérité, j'aimerais mieux croire que M. Lestiboudois est un mauvais économiste.

« Or, un négociant de mes amis ayant fait deux opérations dont les résultats ont été fort différents, j'ai été curieux de comparer à ce sujet la comptabilité du comptoir à celle de la douane, interprêtée par M. Lestiboudois, avec la sanction de nos six cents législateurs.

« M. T... expédia du Havre un bâtiment pour les

Etats-Unis, chargé de marchandises françaises et principalement de celles que l'on nomme *articles de Paris*, montant à 200,000 fr. Ce fut le chiffre déclaré en douane. Arrivée à la Nouvelle-Orléans, il se trouva que la cargaison avait fait 10 o/o de frais et acquitté 30 o/o de droits, ce qui la faisait ressortir à 280 fr. Elle fut vendue avec 20 o/o de bénéfice, soit 40,000 fr. et produisit au total 320,000 fr. que le consignataire convertit en coton. Ces cotons eurent encore à supporter, pour le transport, assurances, commissions, etc., 10 o/o de frais; en sorte qu'au moment où elle entra au Havre, la nouvelle cargaison revenait à 352,000 fr. et ce fut le chiffre consigné dans les états de la douane. Enfin M. T... réalisa encore sur ce retour 20 o/o de profit, soit 70,400 fr. ; en d'autres termes les cotons se vendirent 422,000 fr.

« Si M. Lestiboudois l'exige, je lui enverrai un extrait des livres de M. T... Il y verra figurer au *crédit* du compte de *profits et pertes*, c'est-à-dire comme bénéfices deux articles, l'un de 40,000 fr., l'autre de 70,400 fr. et M. T... est bien persuadé qu'à cet égard sa comptabilité ne le trompe pas.

« Cependant que disent à M. Lestiboudois les chiffres que la douane a recueillis sur cette opération ? Ils lui apprennent que la France a exporté 200,000 fr. et qu'elle a importé 352,000 fr., d'où l'honorable député conclut : *qu'elle a dépensé et dissipé les profits de ses économies antérieures ; qu'elle s'est appauvrie ; qu'elle a marché vers sa ruine; qu'elle a donné à l'étranger 152,000 fr. de son capital.*

« Quelque temps après, M. T... expédia un autre navire également chargé de 200,000 fr. de notre travail national. Mais le malheureux bâtiment sombra en sortant du port, et il ne resta autre chose à faire à M. T... que d'inscrire sur ses livres deux petits articles ainsi formulés :

« *Marchandises diverses doivent à X*... 200,000 fr. *pour perte définitive et totale* de la cargaison.

« Pendant ce temps-là, la douane inscrivait, de son côté, 200,000 fr. sur son tableau d'*exportation ;* et comme elle n'aura jamais rien à faire figurer en regard sur le tableau des *importations*, il s'en suit que M. Lestiboudois et la Chambre, verront dans ce naufrage un *profit clair et net de 200,000 fr. pour la France.*

« Il y a encore une conséquence à tirer de là, c'est que, selon la théorie de la balance du commerce, la France a un moyen tout simple de doubler à chaque instant ses capitaux. Il suffit pour cela qu'après les avoir fait passer par la douane, elle les jette à la mer. En ce cas, les exportations seront égales au montant de ses capitaux ; les importations seront nulles et même impossibles, et nous gagnerons tous ce que l'Océan aura englouti.

« C'est une plaisanterie, diront les protectionnistes. Il est impossible que nous disions de pareilles absurdités. Vous les dites pourtant, et qui plus est, vous les réalisez, vous les imposez pratiquement à vos concitoyens, autant du moins que cela dépend de vous.

« La vérité est qu'il faudrait prendre la balance du commerce *au rebours* et calculer le profit national, dans le commerce extérieur, par l'excédant des importations sur les exportations Cet excédant, les frais déduits, forme le bénéfice réel. Mais cette théorie, qui est la vraie, mène directement à la liberté des échanges.....

« Poussez les choses à l'absurde, supposez même, si cela vous amuse, que l'étranger nous inonde de toutes sortes de marchandises utiles, sans nous rien demander ; que nos importations sont *infinies* et nos exportations *nulles*, je vous défie de me prouver que nous serons plus pauvres [1].

« Il n'y pas, dit pareillement Say, de *balances plus favorables* que celles qu'on a appelées *défavorables* jusqu'à ce jour. Tout commerçant fait un gain lorsque la valeur des retours qu'il reçoit surpasse la valeur des envois qu'il fait. Si, en retour d'un envoi de 100,000 fr. que j'ai fait, je reçois une valeur de 90,000 fr. seulement, fût-elle en or, il est constant, il est avoué que je suis en perte de 10,000 fr. ; si je reçois des marchandises pour une valeur de 110,000 fr., je gagne 10,000 fr., quand même parmi ces marchandises il n'y aurait pas une once de métal précieux. Il n'est si mince négociant, qui ne soit convaincu de la vérité de cette assertion : elle se prouve par son seul énoncé. Ce qui est vrai d'un négociant est vrai de deux, de cent, de tous. Ceux qui gagnent reçoivent des retours supérieurs en valeur à leurs envois, et comme on ne peut pas supposer, que la majeure partie des négociants d'une nation, fasse habituellement un commerce qui leur donnerait de la perte, on doit admettre que la valeur des importations est en tout pays supérieure à la valeur des exportations. Les importations, surpassent même d'autant plus les exportations, que le commerce est plus lucratif. »

Cela est si vrai que M. Denis, lui-même, cite l'exemple de l'Angleterre, « S'enrichissant dans des

[1] Fréd. Bastiat, *Sophismes économiques*, 1re série, § VI.

proportions inouïes, malgré des balances commerciales constamment défavorables depuis plus de trente ans, et s'élevant parfois à deux milliards et au-delà ! »

Qu'ajouter à de telles démonstrations ? Comment de tels faits n'ont-ils pas ouvert les yeux des protectionnistes, et de tout ce qu'il y a, dans notre pays, d'hommes intelligents et désintéressés ? C'est le cas de dire avec Pascal, bien qu'en tout autre matière : « Cette étrange insensibilité pour les objets les plus importants est une chose monstrueuse ; c'est un enchantement incompréhensible et un assoupissement surnaturel. »

C'est vraiment à confondre la raison, de voir que l'intérêt personnel aveugle à ce point les plus nobles intelligences, rétrécit leur horizon, émousse leur perspicacité, déroute leur clairvoyance, les engage dans la voie de l'erreur convaincue, du sophisme obstiné et rétrograde !

## V

Résumons brièvement ce long parcours.

La rupture des négociations commerciales avec l'Angleterre ; ses prétextes apparents et officiels, ses causes réelles et cachées ; ses conséquences possibles et désastreuses sur ce formidable entrecroisement d'échanges et d'intérêts qui, depuis 1860, lient les deux riverains de la Manche ; les menées protectionnistes, habilement conduites, qui ont réussi à faire prévaloir l'idée d'une dénonciation générale des traités de commerce et d'une révision totale des tarifs ; puis à introduire dans ces nouveaux tarifs, la base reconnue impraticable en 1860, *des droits spécifiques ;* enfin, ce *cheval de Troie,* présent des Grecs, accueilli aux murs d'Illion, l'assaut furieux livré par les grands chefs du protectionnisme à la liberté commerciale modérée, à ce que Bastiat appelait la *libre et fraternelle communication des hommes de toutes les régions*, de tous les climats, de toutes les races ; puis, les résultats de cet assaut, la défaite totale et irrémédiable du coton ! tels ont été, dans leur ensemble, les points principaux de cet exposé.

Il en résulte la nécessité pour le gouvernement français de renouer *au plus tôt* des négociations qu'il a si maladroitement rompues ; car c'est lui qui a dénoncé les traités ; c'est lui qui a révisé ses tarifs ; c'est lui qui a proposé une nouvelle base, impraticable pour plusieurs articles, et à laquelle nul ne tient absolument, que les protectionnistes quand même ; c'est sur lui enfin que retomberait la légitime indignation du pays, à la vue de ses intérêts lésés, de son commerce compromis et diminué, de sa population ouvrière condamnée au chômage, à la misère, à la mort lente par privations accumulées. On ne joue pas ainsi avec l'existence de milliers d'êtres humains ; de véritables hommes d'Etat savent ne pas compromettre, par des susceptibilités déplacées ou de mesquines exigences, des relations anciennes, cordiales et nécessaires. Tout intérêt particulier doit s'effacer devant cet intérêt primordial et national. *Caveant consules !*

Nous avons, au cours de ce travail, exposé la vraie doctrine économique, au sujet des traités de commerce. Ils sont un *mal nécessaire*, dans l'état actuel de jalousie des peuples, de malentendus, de fausses directions et d'erreurs sur l'emploi des capitaux dans la production, sur le rôle de l'échange dans l'approvisionnement et le bien-être des nations. Ils sont un *mal* parce qu'ils consacent un certain degré de protection ; ils sont *utiles et nécessaires* parce qu'ils consolident, pour un temps donné et sur des bases connues, le terrain des échanges et des débouchés internationaux.

« L'échange est un droit naturel comme la propriété ; *il s'étend naturellement jusqu'au point où il serait plus onéreux qu'utile et s'arrête naturellement à cette limite.* » D'où il suit que toute intervention gouvernementale est inutile ou nuisible.

En les restreignant, ou en les portant au-delà de leurs limites naturelles, les gouvernements font œuvre mauvaise, inique, vexatoire. Ils déterminent une fausse direction des capitaux et des bras, une déperdition de travail, une diminution de la richesse nationale.

On a intérêt à commercer, même avec une nation qui charge de droits exorbitants nos produits. Elle se fait tort à elle-même. N'imitons pas ce mauvais exemple ; ne devenons pas nos propres ennemis.

La protection profite à quelques-uns, la liberté profite à tous.

« Protection c'est spoliation ; liberté c'est justice. »

Nous avons enfin réfuté en passant ces sophismes fondamentaux du protectionnisme, l'*intérêt national* et la *balance du commerce*.

L'*intérêt national*, consiste dans le meilleur emploi du travail et des capitaux ; dans la production par échange des objets de consommation, que nous pouvons ainsi nous procurer à meilleur marché ; dans l'utilisation de toutes les forces naturelles, inhérentes à chaque climat, à chaque race ; dans le bas prix des denrées et le bien-être croissant de tous.

La *balance du commerce* est une vieille et funeste erreur, sur laquelle s'appuient encore les monarchies d'ancien régime, mais que doit répudier notre jeune République. *Toutes les libertés sont sœurs, comme toutes les tyrannies sont rivées ensemble.* S'il est établi que les *produits s'échangent contre des produits*, plus nous importons, plus nous sommes riches ; car les échanges procurent un bénéfice respectif aux négociants des deux pays. L'Angleterre nous envoie ce qu'on est convenu d'appeler des *matières premières ;* nous lui renvoyons des *produits fabriqués ;* chacun y trouve son compte. Toutes les fois qu'une opération commerciale est lucrative, productive de bénéfice, la valeur *des retours* ou *importations* surpasse celle des *exportations*. Plus cette différence s'accuse, plus une nation s'enrichit, de sorte que, s'il était possible que ses importations fussent énormes et ses exportations nulles, elle serait *infiniment* riche, aisée, pourvue de tous objets utiles ou agréables.

La vieille balance du commerce dit, au contraire : « Plus une nation exporte, plus elle s'enrichit, » ce qui est à la fois une sottise et une impossibilité ; car recevoir sans donner n'est guère possible ; et donner toujours, sans recevoir jamais, serait une duperie.

De même, la vieille économie politique disait avec Montaigne : *Le proufilct de l'un est le dommaige de l'autre*, ou dans la langue alerte de Voltaire : « Ce que l'un gagne l'autre le perd. » La nouvelle économie politique démontre que le *profit de l'un est le profit de l'autre ;* que chacun gagne à un échange avantageux et que l'on est d'autant mieux pourvu de toutes choses que l'on vit où commerce, dans un milieu plus prospère.

Nous n'avons pas craint, dans ce travail, d'employer des expressions parfois un peu vives vis-à-vis des protectionnistes et de leurs théories. Nous protestons que nous n'avons eu l'intention de blesser personne; nous qualifions un système et non des individualités, toujours respectables lorsqu'elles sont convaincues. Les idées et les principes seuls nous préoccupent et nous attirent parce qu'ils dominent tout et survivent à tout. Nous ne sommes pas commerçant ou industriel, mais bien économiste, et, comme nous l'avons dit quelquefois, *amant* passionné de la science économique. C'est là notre excuse.

Notre conclusion sera donc entièrement théorique et désintéressée.

La libre concurrence entre les individus et les peuples, ce que Michel Chevalier appelait si bien la *solidarité industrielle et commerciale de tous les peuples pour la meilleure satisfaction des besoins de chacun et de tous*, n'est qu'une application de l'idée de justice. La suppression des douanes intérieures, des privilèges féodaux, du monopole des corporations et jurandes, de même que celle du système prohibitif, la disparition du régime colonial et de l'échelle mobile, ont été autant d'actes successifs de justice, autant de degrés ascendants vers la liberté complète des échanges.

La protection qui n'est que la spoliation de la masse au profit de quelques-uns, suscite l'antagonisme des individus et des peuples, la cherté et l'instabilité, les crises industrielles, les souffrances et le désordre.

« C'est la théorie des échanges et des débouchés, écrivait Say, au commencement du siècle, qui changera la politique du monde. »

Les douanes et barrières commerciales supprimées entre les provinces d'un même État ont été repoussées aux frontières ; là encore elles s'abaisseront devant la fraternité croissante des peuples chrétiens.

« Ayons le moins de douanes possible soit à l'intérieur, soit à l'extérieur du pays, disait Michel Chevalier, et laissons l'homme laborieux exercer librement ses facultés. »

Le libre-échange est aussi l'*utile* parce qu'il est l'*honnête*, le *juste*. La justice et l'utilité, l'*utile* et l'*honnête*, comme disait Cicéron, vont toujours de pair. *Honestate autem dirigenda est utilitas, ut haec duo, verbo inter se discrepare, re tamen unum sonare videantur.*

Le libre-échange c'est le bon marché, le bien-être, la richesse à l'intérieur ; au-dehors, c'est encore tout cela ; de plus c'est la fraternité en action, c'est l'union des peuples par ce qui les touche le plus, l'intérêt ; c'est même, à notre époque d'instabilité, la diminution des guerres en fréquence, en durée, en barbaries inutiles. La liberté de l'échange, c'est la mort de ce patriotisme étroit qui a jadis fait tant de victimes.

Grâce à l'échange des idées, des sentiments, des produits intellectuels et des services scientifiques ; grâce à la liberté des communications dans la République des lettres, nous pouvons désormais répéter avec le poète :

> Les bornes des esprits sont leurs seules frontières.
> Le monde en s'éclairant s'élève à l'unité ;
> Je suis concitoyen de toute âme qui pense.
> La vérité, c'est mon pays.

L'échange librement pratiqué, enfin, c'est un pas

fait vers la réalisation de cet idéal de l'évolution humaine, qu'a marqué en traits si fermes Fréd. Bastiat : « Approximation constante de tous les « hommes vers un commun niveau physique, in-« tellectuel, moral, en même temps qu'élévation « progressive et indéfinie de ce niveau. »

Comment, dans le siècle de la vapeur, de l'électricité, des expositions universelles, serait-il possible encore d'entraver les libres communications et les libres échanges des peuples !

Le monde, visiblement, marche à l'unité. Sous nos yeux se réalise cette sublime prière du Christ : « Qu'ils soient un, ô Père, comme vous et moi nous sommes un ! »

Après avoir redressé les âmes et les consciences individuelles, le christianisme pénètre dans les mœurs publiques, les lois et les institutions qu'il renouvelle.

Le *christianisme social* a inauguré son règne en 1789, magnifique explosion de justice et de vérité, ère de la rédemption et de l'affranchissement du travail. Les malentendus se dissipent, les haines s'apaisent, les barrières s'abaissent ; les membres dispersés de la grande famille humaine se retrouvent avec joie, et la main dans la main s'avancent vers un avenir de paix, de fraternité, au sein d'une liberté et d'un bien-être croissants. Les *Etats-Unis* d'Europe, entrevus par le poète à l'horizon des siècles futurs, sont peut-être moins loin qu'on ne pense !

> Croyez-moi, respectez ces aspirations,
> Elles ont trop de force et trop d'expansions...
> Laissez-leur le champ libre, ou malheur aux barrières !

---

## AVIS COMPLÉMENTAIRE

La composition de cette brochure était achevée et le tirage allait commencer, lorsque les journaux nous ont apporté la nouvelle, puis le texte complet de la discussion qui s'est ouverte au Sénat, sur le traité de commerce entre la France et la Suisse. (Séance du jeudi 11 mai 1882.)

Les grands chefs du protectionnisme à outrance, MM. Pouyer-Quertier et Fresneau ont jugé à propos de faire une dernière tentative pour empêcher le vote de « ces nouveaux traités qui doivent lier la France pour dix ans, avec cinq nations différentes. »

Nous estimons que M. Teisserenc de Bort a répondu victorieusement à cette attaque *in extremis*, et à l'exemple de M. Tirard, nous ne rentrerons pas dans une discussion épuisée.

Au reste, aucun argument, aucun fait nouveau n'ont été apportés. Les mêmes redites, les mêmes vieilleries, le même jargon prud'hommesque, servant mal à dissimuler, sous le prétexte d'intérêt national, des appétits et des convoitises sans frein ; les mêmes groupements fantaisistes de chiffres, ont été reproduits au cours de cette joûte oratoire. M. Pouyer-Quertier, ainsi qu'il le confiait un jour à l'un de ses collègues du Conseil supérieur, a « redit sur un autre ton, le même air qu'il a seriné *(sic)* depuis vingt ans à l'oreille des pouvoirs publics, » mais sans plus de succès.

Cette diversion n'a pas été heureuse. Le Sénat a

adopté, par 166 voix contre 81, le traité avec la Suisse; puis successivement ceux avec la Belgique, l'Espagne, la Suède, la Norwége, le Portugal, ainsi que la convention concernant les relations commerciales et maritimes entre la France et la Grande-Bretagne, signée le 28 février 1882.

Nouvelle déconvenue et enterrement définitif, il faut l'espérer, du régime protectionniste à outrance, de l'isolement commercial et de l'application des droits exorbitants du tarif général.

# PIÈCES ANNEXES

## A. — EXTRAITS DES PROCÈS-VERBAUX OFFICIELS DES COMMISSIONS ANGLO-FRANÇAISES

*Cotons.* — Sir Rivers Wilson : « Voici d'abord 6 échantillons de la maison Walker, représentant un poids total de 271 livres ou environ 130 kilog., et une valeur moyenne d'environ 4 fr. 50 le kilog. Le droit dont vous proposez de frapper ces articles serait d'environ 33 o/o au lieu de 15 o/o, le droit actuel que le nouveau tarif est censé reproduire sous forme spécifique. »

Plus loin, même procès-verbal : « Prenez cet échantillon de gants dont le prix de vente est de 95 sh. (117 fr. 75) pour les dix douzaines ; ils ont eu à supporter, en vertu du tarif conventionnel, un droit de 7 (11 fr. 85). Vous leur imposez un droit de 34 sh. (42 fr. 50), c'est-à-dire une majoration de 300 o/o !

« J'ai l'honneur de vous soumettre 16 échantillons de dentelles d'une seule maison de Nottingham, que vous proposez de frapper du droit identique de 400 fr. par 100 kilog. et vous déclarez de fait que ce droit correspond au droit moyen actuellement en vigueur de 5 o/o de la valeur ! »

*Procès-verbal n° 10.* — M. Hennedy : « Sous le régime conventionnel (n° 370) les zéphirs paient 85 fr. les 100 kilog. ; ils doivent payer désormais 165 fr. ! »

Sir Rivers Wilson : « Sous le n° 368, je trouve une modification sensible des droits du tarif conventionnel ; le droit actuel de 85 fr. est élevé à 115 fr. ! »

*Procès-verbal n° 13.* — Sir R. Wilson : *Laines*

*et lainages.* — « Or à quoi nous conduit l'examen de vos propositions ? A des droits correspondants à 30 o/o, 40 o/o et même 50 o/o au lieu de 10 o/o du tarif conventionnel. En somme, vous proposez des droits qui, en moyenne, imposeraient ces étoffes (de Bradford) à 20 o/o au lieu de 10 o/o déjà trop élevé. A l'appui de cette assertion, j'ai l'honneur de vous soumettre des calculs faits sur un grand nombre d'échantillons de valeurs et poids divers. »

M. Cowe, sur le n° 392 du tarif : « Nos informations constatent, que vu le prix des articles connus sous ce nom, 30 fr. seraient beaucoup plus près de 10 o/o que les 60 fr. que vous avez inscrits. »

M. Barter : « MM. les commissaires français reconnaîtront néanmoins que les droits spécifiques proposés sous les n^os^ 393 et 549 du tarif *dépassent de beaucoup* leurs équivalents *ad valorem* du tarif actuel. Par exemple le droit de 35 fr. imposé sur les tapis de feutre (n° 549) équivaudrait à 20 o/o à la valeur au lieu de 10 o/o actuel. »

On pourrait multiplier ces exemples à l'infini.

---

## B. — CONSEIL SUPÉRIEUR DU COMMERCE, DE L'AGRICULTURE ET DE L'INDUSTRIE.

Séance du 22 juin 1881. (P. 292.)

*M. Lalande* : Messieurs, je serai très-court et n'ai à présenter que trois observations. J'ai été frappé de ce que j'ai lu dans le rapport si consciencieux, si bien fait de M. Teisserenc de Bort. M. Teisserenc de Bort a établi, dans cette partie du rapport, par la citation de plusieurs documents, que l'industrie de Saint-Etienne et celle de Lyon ne pouvaient pas avoir eu à souffrir des droits qui frappent les fils étrangers, puisque, d'après les documents qu'il cite, les prix des filés français étaient au niveau ou au-dessous des prix de Manchester, et, comme conclusion, il dit :

« Comment voudrait-on, quand on a sous les yeux des documents semblables, prétendre que c'est l'influence des droits de douane qui a diminué les exportations de rubans depuis 1871 ? L'effet de ces droits était surtout sensible de 1860 à 1870, avant que les filatures du Nord fussent organisées sur une échelle suffisante pour se faire concurrence les unes aux autres ; alors cependant les exportations de rubans étaient considérables.

« A partir de 1871, les prix des filés à Lille descendent aux taux des prix anglais, etc... »

Eh bien ! si cela est vrai, et cela est vrai puisque M. Teisserenc de Bort l'a prouvé par les documents qu'il cite, si les prix des filés français sont au niveau et même au-dessous des prix des filés anglais, ils n'ont pas besoin de protection ; cela est clair comme la lumière du jour. Voilà ma première observation.

Voici la seconde :

Si je ne me trompe, la pensée dominante du Conseil supérieur du commerce était, en 1876 et, je crois, aujourd'hui, de ne pas faire de mouvement en arrière dans le régime commercial, dans le régime économique qui sera donné à la France. Sa pensée est de ne pas marcher dans un sens contraire à la liberté commerciale, mais au contraire d'avancer dans la voie de la liberté, quoique avec mesure et prudence. Je crois que l'immense majorité du Conseil, en 1876, était d'avis qu'il ne fallait pas, en tout cas, aggraver les droits qui existaient, qu'au contraire on pouvait faire quelques pas, avec mesure et prudence, dans le sens de la liberté.

Eh bien ! si tel est le but qu'on croyait poursuivre, si on a encore cette même pensée, je ferai cette observation : c'est qu'il résulte des chiffres produits au cours des débats et qui n'ont pas été contestés, que les droits inscrits pour les fils de coton étant les mêmes que ceux du tarif de 1860, mais applicables à des articles qui ont beaucoup diminué de valeur, ils sont beaucoup plus lourds aujourd'hui qu'autrefois. Par conséquent, maintenir le *statu quo*, c'est aller en arrière, c'est aggraver le régime protectionniste chez nous. Voilà ma deuxième observation.

Voici la troisième et dernière :

M. Pouyer-Quertier, dans les derniers mots qu'il a prononcés, a parlé des traités avec l'Angletterre. M. Pouyer-Quertier est un adversaire du traité de commerce ; moi j'en suis un partisan très-résolu.

M. Pouyer-Quertier nous dit : « L'Angleterre n'a rien à vous donner, elle n'a à vous offrir qu'une aggravation des droits sur les vins en bouteilles. Nous savons que le gouvernement français connaît parfaitement la question et qu'il n'est pas disposé à accepter, comme un avantage, l'aggravation du droit sur les vins en bouteilles. Mais je ferai une observation sur laquelle j'appelle l'attention du Conseil. »

L'Angleterre, nous dit M. Pouyer-Quertier, n'a rien à nous donner ; c'est une profonde inexactitude ; de plus, il y a là un danger très-grand sur lequel, messieurs, j'appelle votre attention. L'Angleterre a quelque chose de très considérable à nous donner, elle a à nous donner le *statu quo*, qui est la franchise des droits. Aujourd'hui, tous les produits manufacturés français sont admis en Angleterre en franchise de droits, l'Angleterre ne peut pas nous donner plus que cela, elle ne peut pas nous donner plus que la franchise. Il y a en Angleterre des droits sur 6 ou 7 articles seulement. Mais l'Angleterre peut mettre des droits sur les produits manufacturés ; elle peut, si nous n'avons pas de traités de commerce, mettre 15 % sur les soieries, comme le Parlement et le Gouvernement anglais en sont sollicités, elle peut frapper nos articles de mode, notre mercerie.

Je suis président de la Chambre de commerce de Bordeaux, on peut croire que je parle principalement au point de vue des vins ; mais il y a quelque chose de plus intéressé que les vins à un bon traité de commerce avec l'Angleterre, c'est l'industrie française. La France n'exporte en Angleterre que 40 millions de vin et elle exporte de 4 à 500 millions de produits manufacturés ; ce sont ceux-là qui peuvent être frappés : il y a là un danger considérable. Je souhaite que, par un nouveau traité de commerce avec l'Angleterre, nous obtenions l'énorme avantage de conserver ce *statu quo*. (Applaudissements.)

Voilà pourquoi je crois qu'il est extrêmement désirable d'arriver à un traité de commerce avec les Anglais ; voilà pourquoi je crois que, dans cette question, il est bon de faire quelque chose dans la mesure de ce qui est juste et légitime, quoique avec prudence et modération dans le sens d'une sage liberté commerciale. »

---

Saint-Etienne, imp. Forestier, rue de la Bourse, 2.